D1674146

Steickmann
Alaaf, Kölle!

Elfi Steickmann

Alaaf, Kölle!

Neu Rümcher un Verzällcher
us ener Stadt voll Levve

GREVEN VERLAG KÖLN

© Greven Verlag Köln GmbH 2008
www.Greven-Verlag.de
Satz: Michael Lauble, Billerbeck
Umschlag: Steffy Schüller, Köln
Druck und Bindung:
fgb · freiburger graphische betriebe
Alle Rechte vorbehalten.
ISBN 978-3-7743-0411-6

Üwerbleck

Vum Levve un Sterve

Wat wör uns Levve ohne Clowns?

Dat määt mer doch met links

Wor nit jester ehsch Advent?

Wie wör et ens met enem Leed?

Zom jode Schluss

Alaaf, Kölle!

Zum Jubeln bedarf es nicht vieler Worte. Die Soldaten rufen »Hurra«, auch die Fußballer, sie setzen nur »Hipp hipp« davor. Die Karnevalisten in Mainz und anderswo bringen ein (dreifach donnerndes) »Helau« aus. Auf Lateinisch jubelt man »Vivat«, auf Deutsch »Er/sie lebe«, aber das präzisiert man mit dreimal »hoch«. Heinrich Hoffmann von Fallersleben entdeckte 1841 auf Helgoland in aller Unschuld, dass man, wenn es um Deutschland geht, auch »über alles« sagen kann.

Die Kölner denken anders, aber es läuft wohl auf dasselbe hinaus. Denn wenn sie alles andere abwerten, bleibt das, worauf es ihnen ankommt, in einsamer Höhe stehen, ohne dass sie es erst »hoch« heben müssen. Also lautet der kölsche Hochruf »All af«, ›alles abwärts‹, ›alles nieder‹. Gemeint ist, wenn sie zum Beispiel »All af, Kölle« rufen: Alles steht für uns weit unter Köln; erst kommt Köln und dann lange gar nichts; nichts geht uns über Köln.

Der Ursprung dieses kölschen Hochrufs reicht weit in die Vergangenheit zurück. Schon 1748 ist in den Unterlagen der alten städtischen Universität, und zwar in den offiziellen Annalen des Rektors (»Liber rectoralis annalium«), das »antiquum illud commune adagium Alaaf Collen« erwähnt, zu deutsch: die alte, allgemein verbreitete Redewendung »Alaaf Collen«, und für die des Kölschen nicht mächtigen Professoren wird eigens eine lateinische Übersetzung hinzugefügt: »Köln soll blühen und gedeihen«. Wie alt dieser Hochruf damals schon war, lässt sich freilich nur Schritt für Schritt erschließen.

Lange galten als frühester Fund Lotterieakten aus dem Jahr 1733, in denen als Wahlspruch des Los-Käufers mehrfach (in unterschiedlicher Schreibweise) »Allaff Collen« vorkommt, einmal auch »Allaff Junferschafft«, was man heute mit »ein Hoch auf alle netten Mädchen« übersetzen könnte. Dann veröffentlichte 1986 der Biograph des 1592 in Köln geborenen (und hier 1669 gestorbenen) Johann Adolf Freiherrn Wolff genannt Metternich zur Gracht einen Brief, den dieser Metternich, damals Geheimer Rat im Kurfürstentum Köln, am 1. Oktober 1635 aus Rommerskirchen an den kurfürstlichen Obersthofmeister Franz Wilhelm von Wartenberg geschrieben hat und in dem er ihn, der sich auf Reisen befand, mahnt, doch bald wieder an »dat Al aff colnisch land« zu denken. Und schließlich kennt man inzwischen mehrere Bartmannskrüge mit der genüsslichen Inschrift »Allaf for einen goden druinck«, darunter einen, der 1951 bei der Ausgrabung einer Töpferei in der Streitzeuggasse gefunden wurde und, wie man im Vergleich mit anderen seiner Art zuverlässig feststellen kann, aus dem zweiten Drittel des 16. Jahrhunderts, also der Zeit um 1550, stammt; nach seiner Restaurierung wird er im Kölnischen Stadtmuseum aufbewahrt. Was auf seinem Bauch zu lesen ist, besagt also: Alles lasse ich stehen für einen guten Trunk, oder positiv: Nichts geht über einen guten Trunk.

Von den Zechgelagen dieser Frühzeit machte der kölsche Hochruf dann eine beachtliche Karriere: Im »Walberberger Freudenlied« zu Ehren des neuen Erzbischofs Max Friedrich sang man am 6. April 1761 in der siebten Strophe: »Alaff Cöln«, und auch dem damaligen preußischen Kronprinzen und späteren König Friedrich Wilhelm IV. schrieb man bei seinem ersten Besuch in Köln am 6. August 1817 »Allaf Köln« in das Manuskript seiner Rede, ließ ihn allerdings in dem Glauben, das heiße ›Alles lobe Köln‹.

Ein viel bunteres Bild bietet die Kölner Mundartliteratur: Matthias Joseph DeNoël dichtete 1804 ein Lied »Alaaf de kölsche Kirmessen« auf die Kirchweihfeste von St. Maria im Kapitol (»Ze Mergen«) bis zum Bayengraben (»Beyer-Kirmes«), jeweils mit ihrer Prozession (»Gottsdrag«) durch das Viertel, und 1825 »Alaaf et kölsche Drickesthum« auf die »kölschen Jungen«, die in der Tradition der »Funken« alle Feinde des Frohsinns siegreich bezwungen haben. Edmund Stolls Preislied auf die kölsche Sprache (vor 1843) ist »Alaaf der kölsche Klaaf« überschrieben. Johannes Matthias Firmenich gibt seinem Lob auf Köln (»Vun alle Städte noh un fän / Eß Kölle doch de Kruhn«, vor 1845) ebenso den Titel »Alaaf Kölle!« wie Fritz Hönig dem seinen (»Un trök ich en de Welt erus«, vor 1887). In Hönigs Sammlung kölscher »Sprichwörter und Redensarten« (1895) findet man auch den Spruch »Alaaf, wat jung ess, un wann et och 'nen Hungk ess«. Wilhelm Schneider-Clauß nennt seinen großen Roman 1908 »Alaaf Kölle! En Schelderei us großer Zick«. Und auf Wilhelm Räderscheidts »Alaaf, mie' Kölle!«, das er 1914 für »Jung-Köln« schrieb und dessen drei Strophen in den Refrain »Alaaf, mie' Köllen, alaaf!« münden, antwortet Peter Barchem (vor 1923) mit seinem ebenfalls dreistrophigen »Alaaf, Kölle!« und den Schlusszeilen »Alaaf, alaaf mie Köll'n am Rhing«, »Alaaf, alaaf de kölsche Sproch« und »Alaaf, alaaf et kölsche Hätz«.

Aber parallel dazu hat der Karneval in Köln und über Köln hinaus das »Alaaf« mit Beschlag belegt. Schon 1845/46 machte der Bonner Dichter, Übersetzer und Sammler Karl Simrock spöttische »Alaaf«-Verse auf »Ochen«, »Köllen« und Bonn. In den karnevalistischen Ritualen rückte das »Alaaf!« allmählich an die zweite Stelle, aus praktischen Gründen: Wer das Wort führt, also in der Sitzung der Präsident, gibt vor, wem der Hochruf gelten soll, und das Publikum antwortet

mehr oder weniger zustimmend mit »Alaaf!« Jedenfalls gilt
»Alaaf« heute schlechthin als »rheinischer Karnevalsruf«.

Nun also Elfi Steickmann. Wer ihre früheren Bücher
kennt, etwa »Kopp huh, Kölle!«, »Medden em Levve« und
(zusammen mit Ingeborg F. Müller) »Op Kölsch durch et
Johr«, kennt auch ihre Begeisterung für Köln, für die Stadt
und ihre Eigenart, für die Menschen und ihre Mentalität.
Und hundert Jahre nach Schneider-Clauß' Roman »Alaaf
Kölle!« meint sie, es gebe eigentlich keinen Grund, »Alaaf!«
als Ausdruck dieser Begeisterung dem Karneval zu überlas-
sen. Der Hochruf passt zu der Hochstimmung, die dieses
glitzernde Kaleidoskop von Themen und Formen durch-
zieht. Nicht, als wenn es in Köln nicht genug gäbe, worüber
man sich ärgern kann, was man sich besser wünscht
(»Trotzdäm: Kölle!«), aber Elfi Seickmann weiß, dass der
Kölner seine eigene Art hat, damit fertig zu werden. Wollte
man diese Art in einem Satz zusammenfassen, müsste man
wohl sagen: Im Zweifelsfall macht der Kölner sich nicht
über andere lustig, sondern über sich selbst. Elfi Steick-
mann schont in ihren Texten auch sich selbst nicht, wenn
es um heitere Situationen und um den Kampf mit der Tü-
cke des Objekts geht. Nur wenn sie dem Vorurteil begeg-
net, Frauen könnten von Technik keine Ahnung haben,
wird sie energisch. Manche Motive kennt man aus ihren
früheren Büchern; neu ist der Komplex der Clown-
Gedichte; neu sind auch die Lied-Texte, von denen man
einigen schon zum Beispiel bei Marc Metzger (»Ne
Blötschkopp«) und Willibert Pauels (»Ne bergische Jung«)
begegnen kann. Vielleicht wird mancher Leser sich, wie ich,
im Personal der Texte dieses Buches einen Favoriten aussu-
chen: Meiner ist der kleine Junge (im Original heißt er, wie
ich erfahren habe, Julius), der es als Herbergswirt im Krip-
penspiel nicht übers Herz bringt, Maria und Josef, die müde

von dem weiten Weg nach Bethlehem an seine Türe klopfen, abzuweisen, und so die ganze Weihnachtsgeschichte in Durcheinander bringt (»Hatt Ehr e Zemmer frei?«).

Wenn man einen Hochruf auf dieses Buch ausbringen sollte, müsste man wohl sagen: »Alaaf, ›Alaaf, Kölle‹!«

Heribert A. Hilgers

FÖR DER AANFANG

Rampeleech

Noch ein Minutt, dann bess do draan.
Ess och för hück et all parat?
Der Tex för de Bejrößung steit,
Häss et deer all jot üvverlaat.
Sin för dä Ovend wirklich jot
De Verzällcher us dem Levve?
Och nit zo lang un nit zo koot,
Wat do häss all opjeschrevve?
Häss do de Böcher un der Brell?
Bräng di Jeheensschaaf zor Räsong!
Jetz muss do durch, wat et och jitt.
Di Manuskrip litt leider em Kartong.
Hätts us dem Märche jän de Tarnkapp.
Künnts dich dann noch flöck verdröcke.
Denks: Woröm deis do deer dat aan? –
Spill nit der Jeck, et weed deer jlöcke.

Op eimol ess der Zidder fott,
Der Pols weed widder janz normal.
Et Manuskrip muss do nit hann.
Kütt ne Versprecher, och ejal.

Ich wünschen üch bei kölschem Klaaf
Nen Ovend, dä üch määt Pläseer.
Laache un dräume hät sing Zick,
Dat ehr all komt, för mich en Ihr.

Trotzdäm: Kölle!

Uns Kölle hät sing Eijenaat,
Die keiner richtich kann beschrieve.
Mäncheiner süht eimol der Dom
Un mööch donoh för immer blieve.
Ess mer he meddendren jebore,
Dann bruch mer Kölle för ze levve.

Trotz Stroße, die voll Schutt un Dreck.
Trotz Baustelle aan jeder Eck.
Trotz Politik, die mänchmol nerv.
Trotz Frembcher, bal en jeder Färv.
Trotz immer winnijer kölsche Tön,
Die fröher för uns wore schön.
Trotz allem, wat nit richtich läuf.
Trotz Dress, dä mer och he verkäuf.
Trotz Baute, die mer jar nit welle,
Leever mih Plaze för ze spille.

Trotzdäm: Et ess d i e Stadt för uns!
Se jän ze hann, dat ess kein Kuns.
Wa'mer met offe Auge jeit
Durch Stroße, Jasse, un versteit,
Dat dat, wat mer su jän belore,
Och uns jehö't, selvs die ahl Moore.
Dat Kirche, Pooze, jede Bröck,
Ahles un Neues uns bejlöck.

Doot nit nor nöttele un schänge
Un all dat Schöne flöck verdränge!
En Stadt, die allt zweidausend Johr,
Darf levve, wie se ess un wor.

Haupsaach: Janz enne, deef em Kän,
Schleit noch ehr Hätz. Su ha'mer't jän!
Denkt eifach: Mer sin jederein
Vun su nem Bauwerk e Stöck Stein.

Wann üvver dem Dom der Mond opjeit

Wat jitt et en Kölle nit all zo belore!
Mer muss en bloß hann, dä Bleck för die Stadt.
Un üvver allem hält Waach unse Dom,
Ejal wat hück läuf,
Mer baut ov verkäuf,
Ärch vill Neues entsteit,
Leider Ahles verjeit.
Mer kann nix iwich halde, de Johre verjonn,
Doch de Zick bliev av un aan koot ens stonn.

Wann üvver dem Dom der Mond opjeit,
Noch ens uns ahl Kölle erwaach.
Dann klemmp vum Rothuustoon bloß för e i n Stund
Mänch kölsch Orjinal un driht flöck en Rund
Durch dat neue Kölle heimlich noh Meddernaach.

Wann uns och de Römer hann vill hingerloße,
Hüsjer met Jivvele, Pooze un Töön.
Mer jonn met der Zick un dröcken uns nit.
Museiums modän,
Kuns för jede »Fän«,
Hann Thiatere satt
He bei uns en der Stadt.

Beim Bleck op de Altstadt jeit op jedes Hätz.
Röf uns de Trumm, ess dat wie e Jesetz.

Wann üvver dem Dom der Mond opjeit,
Noch ens uns ahl Kölle erwaach.
Dann klemmp vum Rothuustoon bloß för e i n Stund
Mänch kölsch Orjinal un driht flöck en Rund
Durch dat neue Kölle heimlich noh Meddernaach.

Et Kaatespill

Ich soß em Dom, jeföhrt vun unbekannter Maach.
Versunke en Jedanke: Wä hält üvver mer de Waach?
Nevve mer soß ne Mann, e Kaatespill om Schuß.
»Spillt nit he«, saat ich, »spillt drusse vör dem Joddes-
     huus.«
Dä Fremde sohch mich koot met ähnze Auge aan.
»Leev Madamm! Ich spillen nit, do denken ich nit draan.
Kutt doch ens met«, sproch hä un jingk janz leis erus.
»Ich zeijen Üch, woröm die Kaate he em Dom zohus.«
Un drusse vör der Pooz kom hä zo singem Rääch,
Verzallten mer, wat aan däm Kaatespill in su bewääch.

»Jedes Oos bedück, weil it dä hühkste Kaatewäät:
Et jitt nor eine Herrjott em Himmel un op der Äd.
Die Zwei: Et jov zwei Minsche en däm Paradies,
Adam un sing Frau, et Eva, ohne Knies.
Trecken ich jetz die Drei, ich sinn, do bess ne Chress,
Dann kenns do die Drei Künninge em Dom doch janz
     jewess.

Die veer Evanjeliste däten der Herrjott lovve.
Sin lang allt dut, hann ehre Plaz jetz bovve.
För sing Flitsch hät der David nor fünf Stein jebruch,
Donoh lohch der Joliath platschdich op singem Buch.
En nor sechs Dach, do hät der Herrjott die janze Welt
    jemaat,
Aan Minsche, Deere, Blome, Äd un Wasser nit jespa't.
Am sibbente Daach laat hä sich op et Kanapee.
Hä broht e Püsje un ne Engel braat im singe Tee.
Aach Minsche, keiner winnijer, doch och keiner mih,
Hann die Sintflot üvverstande, hück weiß mer och wie.
Dat woren Noah un sing drei Pooschte, zosamme veer,
Vun denne noch die Fraue, dann jingk zo die Archen-
    döör.
Nüng Minsche wick en Israel, domols, die ärch krank,
Hät der Herrjott ens jeheilt, wie immer ohne Dank.
Un dann die zehn Jebotte, moralisch vun huhem Wäät,
Wie wör et, wa'mer hückzedachs jet mih drop aachten
    dät?
Veer Junge un veer Künninge, dat ess noch nit vill,
Die veer Mamsellcher noch dozo, su kütt die Zwölf en't
    Spill.
Zwölf Stunde hät der Daach, zwölf Stunde hät de Naach,
Zwölf Monde hät et Johr, su hält de Zick uns waach.
Hätz, Ecke, Pik un Krütz, veer Färve nor för uns,
Veer Johreszigge bungk jemolt, och dat ess Joddes Kuns.
Zweiunfuffzich Kaate hann ich en mingem Spill.
Zäll eifach ens die Woche, dat sin jenau esu vill.
Un zällen ich die Punkte, die op dä Kaate stonn,
Dreihundertfünfunsechsich Mol de Sonn weed unger-
    jonn.«

»Saach, woher wesst Ehr all die Saache? Ehr kennt Üch
    ärch jot us;
Doch wann i c h rechene, kütt bei meer eine Daach win-
    nijer erus!«
Dä Fremde jriemelte: »Dä Daach ess, wat op Kölsch mer
    Beihau nennt:
Ich ben der Herrjott, woll ens lore, wie Kölsche fiere der
    Advent.«

*(Kölsche Nachdichtung eines von Bruce Low gesungenen Liedes.
Mit freundlicher Genehmigung CONNELLY-MUSIKVERLAG
DR. HANS SIKORSKI KG, Hamburg.)*

FAMILLIJEKROM

Schausteller un Fahrenslück,
e zih Völkche

Endlich ens widder Ferie. Mer hann se uns ihrlich verdeent un stonn allt janz opjeräch am Schalter vun der Luffhansa. Hück jeit et mem Flejer ehsch noh Ibiza un dann wigger mem Scheff noh Formentera.

Flöck ha'mer, wie dat en der Huhsproch hück heiß, »enjescheck«, do jeit et allt wigger en die Hall, wo mer wade muss, bes mer en der Flejer darf. Noh kooter Zick wäde mer opjerofe, op uns Plaz zorteet, un av jeit de Poss, natörlich nit de Poss, nä, de Boeing!

Die Zick flüch flöck – wie dä Riese-Vugel, un kaum hann mer uns aan Bord su richtich enjelääv, et ehschte Tässje Kaffe jedrunke un et Miniklo kuntrolleet, do setz dat Deer us Stohl un Iesertrallje allt för zo lande aan.

Leider hät de LTU uns Koffere nit esu ihrfürchtich behandelt, wie se et eijentlich verdeent hann. Ei Kofferschloss floch allt allein av »in the air«, un mer krijjen dat jode Stöck jet ärch verschängeleet un verblötsch zoröck. E bessje dunn ich mich schamme, weil aan einer Sick, die op Stipp steit, ming jot zorteete flammneu Ungerbötzjer der Wääch op et Rollband jefunge hann.

Met rudem Kopp sammele ich ming vörwetzije Dessous en.

(Jot, dat dat om Hinfloch passeet ess...)

Drusse aanjekumme, deit et wie us Emmere schödde. Em Flejer wöre mer en der Laach jewäs, bal all die Lückcher, die aan Bord wore, jroßflächich met Sonnekräm, After Sun Duschjel, Allerjiesälvjer, Musik, Böcher, Wundploster un Ungerwäsch zo versorje. Un wann puffspafs en Durchfallepedemie opjetrodde wör, hätte mer met unse Maxirolle Klosettpapeer »super weich, dreilagig, reißfest« de ehschte Explosijune jot avdecke künne, nor... mer hann keine Schirm.

Bes zom Hafe vun Ibiza sinn mer us wie durch de Sod jetrocke. De Schohn, klätschnaaß, molen sich wie en akkerate Kopie op de Söck av. Ming Ledderjack, janz neu en Kölle för dör Jeld jekauf, weed nohm Drüjje secherlich noch wie en Eins em Schaaf stonn künne.

Die ess wal bloß noch rief för der Möll.

Un dann kütt et, et Schnellboot noh Formentera bei Windstärke sechs.

Eijentlich ess uns Famillich bekannt doför, dat se vör nix fies ess un vun de Schausteller un Fahrenslück avstammp. Alsu dreimol chemisch jereinich ess un, wie staatse Felse en der Brandung, vill verdrage kann.

Hück wesse mer, dat unger de Fahrenslück niemols ne Seemann wor...!

Bei der Aankunf op Formentera: Rän. Un et ränt och die nöhkste drei Dach. »Nit schlääch för et Enjewenne«, filosofeet minge Jung.

Doch op eimol ess se do, de Sonn: Sonn met Mistral, Sonn ohne Mistral.

Endlich brung wäde em Ennehoff vun unsem Feriehüsje. Super!

Nohm zweite Sonnedaach ben ich op minger Bruss, am Hals un aan de Maue deech met Quaddele bedeck.

Sonneallerjie – dat hatte mer bes jetz noch nit op dem Projramm. Uns »reichhaltige, breit gefächerte Cremeauswahl« hilf nit vill. Wann ich die decke rud Quaddele och noch em Jeseech krijje, kann ich selvs he nit mih vör de Döör. (Aan der Fott wören se mer, wann üvverhaup, em Augenbleck leever.)

Hück hann ich der ehschte Peckel aan minger Schnüss entdeck. Jetz muss ich vun mer avlenke un kaufe mer ne knallichrude Nällack. Secher weed dä nit helfe, ävver et jitt Lück, die loren zoehsch op de Häng.

Un söns? Söns sin de Ferie richtich schön. Schausteller un Fahrenslück kummen evvens met allem, ov Windstärke sechs odder Plack, parat, Haupsaach, de Näl sin fresch lackeet.

Un för mem Scheff zoröck noh Ibiza sammele mer jetz allt öntlich Plastikblose,

die halden jet us.

E Schneiflöckche em Aujuss

Mer hö't hück esu vill üvver Pubertät, alsu üvver Pänz, die drop un draan sin, ne richtije Mann odder en richtije Frau ze wäde. Bloß esu rääch zofredde sin se ehsch, wann der Ress vun der Famillich langksam ävver secher am eije Versteisdemich zwiefelt un ne Sieleklempner, alsu ne Psüchijater, bruch, för ze üvverlevve.

Weechter sollen sich jo, ovschüns och bei inne de Pubertät kein Malätzichkeit ess, am Aanfang un am Engk (em Klortex alsu: unungerbroche!) nor noch wie Zicke benemme, die jet beklopp em Kopp sin. Dat all hann ich, wie mer su säht, us ener Quell, die jot Bescheid weiß, nämlich vun Fründinne, die jesänt (odder soll ich sage: jeschlage?) sin met Weechter. Un die Quell wor immer koot vörm Explodeere.

Wann nix mih jingk, kom janz entnerv dä Satz: »Et leevs dät ich die kratzbööschtije Wiever met Fuffzehn enfreere un met Achzehn widder opdäue. Dann hätte mer dat all hinger us. Dat wör för uns all et Bess!«

Bei der nöhkste Jeläjenheit woren dann die Pänz am knottere (sei spreche jetz Hochdeutsch): »In der Pubertät sind die Eltern am schwierigsten!«

Mänchmol wor et schlemm för beidse Sigge.

Richtich methalde un metschänge kunnt ich domols nit. Ich hann ne Jung, un dä wor, janz ihrlich, üvverhaup nit schwierich. Ich jläuve, do wor ich et, die Mamm vun enem »Ich hoffe dä kütt bal en de Pubertät-Jung«, die im op der Senkel jingk.

Mondelang hann ich in nit us de Auge jeloße. Bei däm dät sich jo jar nix! Dä kräch noch nit ens ne Peckel, noch nit ens ei klei Baathoor, nit ens e Füselche. Ming Schwester un ming Fründinne däte mer immer met heimlijem Stolz un wie wann se drüvver wödich wöre verzälle, dat allt widder ens e paar Jüngelcher öm et Huus scharwenzele däte, un bei uns derheim wor nix loss. Minge Jung interesseeten sich för alles, nor nit för e Mädche.

Wor dat normal? Woren do nit doch villeich e paar Jene, natörlich us der Famillich vun mingem Mann, nit esu janz op Zack?

De Mamm, alsu ich, ich maat mer doch su ming Jedanke: Hoffentlich bliev minge Jung keine Jungjesell. Jot, ich dät en jo jän versorje, ävver wann ich ens nit mih wör?

Unverhoots kom dann de Üvverraschung: »Mamm, ich krijje morje Besök vum Tina, dat hann ich vör e paar Woche em Zeltlager kennejelihrt. Dat schlief dann och bei meer.«

Jung, dä jeit ävver raan wie Ferkes-Wellem. Ich kennen dat Weech üvverhaup noch nit, un do soll dat allt bei uns, äh… bei im schlofe. Minge Klein ess jrad sechzehn. Vill zo fröh för su e jeräuch Dinge.

Ming Mutter-Hormone woren am tirvele, un usjerechent morje ess minge Mann üvver Naach op Deensreis.

Et bliev die janze Verantwoodung widder ens aan meer hange. Wie immer! »Gedanken einer Mutter!«

Pünklich zor Kaffezick stundt medden em Aujuss dat Tina-Pöppche vör mer. Mer hatten aan däm Daach su öm de dressich Jrad em Schatte, ävver dä Veerundressijer-Fijor wor dat secher noch nit opjefalle. Enjeweckelt en e koot wieß Kunspelzjäckelche, die lang dönn Bein en e spack wieß Bötzje verpack, durch dat mer der String-Tanga jot sinn kunnt, stundt et met nem Augeopschlaach em Stil vum Jarbos Jriet en der Döör. Un dat Jäckelche, ich schwören et üch, hät dat Weech ehsch naaks usjetrocke. Mer leefen allein vum Aanlore de Schweißpääle der Röggen erav.

Üvver die Naach mööch ich nit vill verzälle, nor dat eine: Se wor ärch unräuhich för mich un ärch hektisch för minge Jung. Hück kann ich mich nit mih su jenau op alles besenne, ävver, su hät mer dat minge Son noch letz verzallt, ich muss jede jeschlage Stund en der Döör jestanden hann, för mich noh »ihrem Wohlbefinden« ze erkundije.

Domols hätt mich minge Jung et leevs ömjebraat. Hä wör zo nix jekumme, wat hä ens jän usprobeet hädden; immer, wann et e bessje schön woodt, stundt ich jrad en der Döör odder hä kunnt mich allt op der Trapp höre.

Ävver, maat üch kein Sorch, mer Zwei hann dat all jot
üvverstande, un noh däm Aujuss-Schneiflöckche kom dann
noh un noh die »Flockenverdichtung« un esu mänch
Schneijestöber.

Jroß wäden se all, un de Mamm lihrt et Lossloße!

Die jewetzte Mamm

Der Jupp hät sing Mamm zom Esse en sing Zweier-WG
enjelade.

Wie de Mamm beim Esse sitz, stellt se e bessje unräu-
hich fass, dat dat Weech, wat met en der WG wonnt (et
heiß Nies), jet ärch fazzünglich un adrett ussüht. Eijentlich
vill zo adrett. Un se määt sich su ehr Jedanke, dat die Zwei
ne kleine Fisternöll hann künnte, weiß et ävver nit jenau, un
dat määt se jet unsecher.

Ehre Jung, dä singer Mamm dat Nohdenke vun der
Steen avlese kann, sei ess en jewetzte Mamm un schleeßlich
kennt hä se nit ehsch zick jester, säht op eimol: »Ich weiß,
wat do denks, ävver, Mamm, ich jaranteeren deer, dat meer
Zwei he bloß zosamme wonne!«

E paar Dach späder säht et Nies för der Jupp: »Ko-
misch, zickdäm ding Mamm bei uns zom Esse wor, kann
ich mi Zausdöppche us ech Meißener Posteling, wat ich
vun minger Jroß jeerv hann, nit mih finge.«

Der Juppemann kann im nor sage: »Ich jläuve nit, dat
ming Mamm dat Döppche metjenomme hät, ävver ich
dunn ehr e paar Wööt schrieve.«

Su setz hä sich hin un schriev:

»Leev Mamm, ich sage jetz nit, dat Do dat Zausdöpp-che metjenomme häss, un ich sagen och nit, dat Do et n i t metjenomme häss. Ävver leider ess et esu, dat, zickdäm Do bei uns zom Esse wors, dat Dinge fählt, sich eifach en Luff opjelüs hät.

Decke Knutscher vun Dingem Juppemann.«

Koot drop kütt Poss vun der Mamm:

»Leeve Juppemann, ich sage jetz nit, dat Do mem Nies ne Fisternöll häss, un ich sagen och nit, dat Do mem Nies k e i n e n häss, ävver, wann et Nies en där janze Zick vun mingem Besök bes hück bloß ens ein Naach en singer Fluhkess jeschlofen hätt, hätt et dat Zausdöppche unger singem Plümo allt längs jefunge.

Ich hann Dich ärch jän, Ding Mamm!«

Morjens öm veer
(Ne Räp för der Papp)

Do, ne Bröll morjens öm veer!
Ming klein Doochter schreit noh meer.
Ich hatt se doch jrad stell,
Weiß nit, wat se jetz well!
Stelle mich jet dut,
Doch se hät wal Nut.
Ess munter wie ne Fesch,
De Pampers wor doch fresch?!
Bröllt wie am Spieß un ohne Pus,
Jetz muss ich wirklich erus.

Windel voll, jar nit doll,
Wor doch jrad noch drüch.
Wat ne Haufe, ich jonn laufe,
Nä, wie dat he rüch!
Mer weed et mulmich, ben jedöldich,
Dat Weech, dat krieht janz schrell.
Su e Luder, lötsch am Puder,
It määt wat it well.
Ben voll Späu, ess nit neu,
Rüch noh schläächtem Brei.
Opjestosse, huhjeschosse,
Jetz kütt noch jet dobei.
Ben am krose, Klein määt Blose,
Mömmes deit ärch störe.
Neeß sich fit, Land kütt met,
It mööch e Lovv jetz höre!
Veer Mol allt, mer ess kalt,
Stonn ich op der Matt.
De Mamm deit schlofe, woll nit rofe,
Ess noch vun jester platt.
Ben kapott, wör jän fott,
Doch ich muss jetz singe.
»Hänsjen klein«, o wie fein,
Deit mer noch jelinge.
Bes sechs Uhr fröh, Hott un Hüh,
Als Vatter ben ich jot.
Vatter sin: ne Jewenn,
Bloß kütt der Schlof zo koot.

En jelihnte Jroß

Ich weiß nit, wie et üch jeit, ävver jetz, en mingem jroßmüt-
terlije Alder, loren ich doch ens av un aan heimlich en ene
Kinderwage un kann mich nit satt sinn aan dä rut Bäckel-
cher un klitzeklein Hängcher un Fößjer vun su enem We-
ckelditzje. Minge Jung künnt sich langksam ens aanstrenge.
  Ohne vill ze üvverläje, sagen ich deshalv zo, wie mich
ming Fründin janz höösch aansprich, ov ich villeich ens ein
Woch bei ehrer Doochter en Süddeutschland, för ne Köl-
sche bal am Engk vun der Welt, Oma spille künnt. Se hät
en Reis noh Lourdes un noch wigger jebuch un sök jetz en
jestande Ersatzjroß för die drei Enkelcher.

  Aan enem Sonndaach Nommedaach fängk minge Ver-
tretungsjob aan. Die drei Puute, ich kenne se jot, wat heiß jot,
alle paar Mond süht mer sich, waden allt op mich.
  Jeballte Ladung Levve op eimol: Dä Klein ess zehn
Mond, dat Kälche en der Medde fünf Johr un »die Jroße«
aach.
  Am Aanfang jeit et all noch jet vörsichtich. Ich versöke
jedem Kind jerääch ze wäde. Spille ens he jet un do. Nem-
me dä Klein op der Ärm un riskeere der ehschte Balanceak:
Födere met Milchbrei, ohne uszesinn wie e Ferke. Flupp
bes op e paar Usrötscher allt janz jot. Jetz mööch mer die
Jroße ens zeije, wie jot se allt Einrad fahre kann. Kann se
eijentlich üvverhaup noch nit, un ich ben se nor am opfange,
trüüste un spillen der Stopper. Dat muß ich jot jemaat
hann, denn dat Weech hät nit ein Blessor, doför hann ich
am ehschte Nommedaach vun däm »Famillije-Schnupper-
kursus« allt beidse Schinnbein opjeschlage. Ävver die jelihn-
te Jroß bieß op de Zäng.

Dann kütt der ehschte Morje, e löstich Wecke öm halver sechs. Leis jeit de Döör zo mingem Zemmer op, un wie en Raket flüch minge jelihnte Enkel Nr. Zwei, alsu dä fünfjöhrije Poosch, en ming Fluhkess, lo't mich met jroße Auge aan un mööch jet vörjelese hann. Su kütt et, dat ich morjens öm halver sechs allt zehn Sigge vun »Der lustige Pirat Peter« met leich jespillter Freud vördrage. Koot noh sechs flöck unger de Dusch. Ungen en der Köch wadt allt dä Kleinste op mich. Un jetz kütt »die Stunde der Wahrheit«. Zoehsch jitt et e bessje Jebröll un Trone. En meer kütt Hektik op. Hoffentlich krijjen ich dat all en der Jreff! Flöck e Milchfläschelche noh Vörschreff jemaat, däm Klein en de Häng jejovve, hurra, dä ess allt ens zofredde.

Jetz kummen die zwei Jroße aan dc Rcih, Schull- un Kinderjadetäsche sin jepack. Wie en Schallplaat widderhollen ich ming Ermahnunge: Häng op der Desch, mem jeschlosse Mungk käue, beim Esse nit singe, Nas putze, jrad setze, maat ens vöraan, beim Drinke nit laache, Nutella op et Brut, nit en de Hoor, Häng wäsche, noch ens op et Klosett. Fädich för der Avmarsch. Die Jroße määt sich allein op der Wääch noh der Schull, un ich packen dä kleine Futzemann en der Kinderwage un Enkel Nr. Zwei, met Fahrrad un Fahrradhelm usjeröss, meer maachen uns zo Foß op der Wääch en der Kinderjade. Et ess för mich allt en jewaldije Ömstellung, derheim fahren ich bal op der Klo mem Auto un he laufen ich bei satte zweiundressich Jrad met Aanhang zweimol am Daach nohm Kinderjade un zoröck. Enkel Nr. Zwei ess ävver ärch brav, wadt aan jeder Eck op sing jelihnte Jroß, un dä Klein em Kinderwage laach met mer, dat mer et Hätz opjeit. Su zweschendurch kütt dat Kinderjadekind ens zoröckjefahre, deit mer jet verzälle un fröch mich unverhoots: »Haben Wildschweine einen Penis wie mein Vater?« No, morjens öm aach Uhr üvver Biolojie ze reziteere fällt mer jet schwer, un su jot kennen ich dä Vatter nit. Ich sagen eifach: Jo! Domet ess Nr. Zwei zofredde. Irjendwann si'mer am Kinderjade, Bützje un »tschüss bes hück Meddaach«.

Die Zick bes Meddaach verjeit met Windel wääßele, Fott sauber maache, jet knuddele, jet spille, jet för et Meddaachesse richte. Villeich schlief der Kleinste noch e Stündche, dann künnt ich ens Luff holle. Klor schlief dä e Stündche, ävver nor, wann ich der Kinderwage wie en Maschin unungerbroche hin- un herdäue. Doch beluhnt wäden ich doför beim Waachwäde vun däm Klein met enem Laache un Strohle, wat mer nit kaufe kann. Un wann hä mer dann noch sing klein Wooschärmcher öm der Hals läht un mer e Bützje opdröck, wat noh opjestossener Banan rüch, ess die Welt vun der jelihnte Jroß en Odenung.

Meddachs, nohm Kinderjade, weed zosamme jejesse. Die Jroße ess och us der Schull widder do un hät eijentlich kein richtije Loss för irjendsjet. Am Desch widder die Ermahnunge wie morjens, un et kumme noch e paar neue dobei: Mer künnt och en Jaffel nemme, nit bloß de Fingere.

Natörlich kann ich och jet lihre, nämlich dat mer en lecker Jemöszupp mem Strühhalm drinke kann, dä wie durch en Zauberhand op eimol em Teller litt. Un dat mer nor us Jläser, die bes aan der Rand huhvoll sin, drinke kann, verstonn ich janz flöck. Wat jitt et Schöneres wie Appelsaff us dem Jlas ze schlappe wie nen dööschtijen Hungk. Donoh stört mich dä Karottebrei en minge Hoor un en de Ohre üvverhaup nit mih. Haupsaach, dä kleine Futzemann weed satt un ess zofredde

Dat die Jroße, die allt zweimol en der Woch en der Balettungerrech jeit un Spass aan Mary Poppins hät, sich nor met Paraplü un en klein Pas-de-Deux-Schrett wie en Fedder, ävver en lahm Fedder, durch et Huus bewääch, ess för mich jet jewöhnungsbedörftich. Wie en Elfje, e klei bessje wie et Margot Fonteyne för Ärme, deit dat Weech durch der Flur schwevve, määt janz jescheck ene Schlenker öm all die Saache, die it eijentlich met noh bovven en et Zemmer nemme mööt, un stitzelt met »chim-chiminey« us mingem Bleck, ohne och nor eine Bleisteff metzenemme. Ävver söns flupp et all.

Die Pänz jewenne sich flöck aan mich un merke, dat mer met meer handele kann.

Dat Wocheprojramm läuf av met allem »Dröm un Draan«, e bessje Kotze, e bessje en der Finger schnigge un Durchfall bes en de Hacke. Dat eine stellen ich fass: Och en ahl Mamm hät nix verjesse. Ich laufe zor Huhform op. Der Luhn sin Dröcke, Knutsche un feuchte Bützjer, dann wann ich jar nit domet rechene. Noh drei Dach versteit dä Kleinste och Kölsch. Op »maach ens de Schnüss op« reajeet dä wie en Maschin.

Ovends fallen ich hungsmöd en de Fluhkess, muss ävver vörher immer noch ens lore, wat ming drei Trabante maache, un wann ich se dann wie drei klein Engelcher em Bett lijje sinn, künnt ich kriesche vör Freud, ihrlich, un nit nor vör Freud, weil se endlich am schlofe sin.

Engks der Woch küdt die echte Jroß vun der Reis zoröck un hät der Famillich us Lourdes vill metjebraat. Dat die hellije Mutterjoddes sich däm Mädche Bernadette en Lourdes jezeich un met im jesprochen hät, deit minge jelihnten Enkel Nr. Zwei öntlich beendrucke. Ich kann sinn, wie et en singem kleine Kopp arbeidt. Nommedachs krüff hä op minge Schuß, deit met mer jet schmuse un säht op eimol. »Du, mir ist auch schon einmal die Mutter Gottes erschienen!«

Do ich en der Woch allt jemerk hann, dat hä en jroße Fantasie hät, sagen ich, för die Saach jet avzeschwäche: »Do häss secher vun der Mutterjoddes jedraump?« »Nein, sie ist mir erschienen.« »Un, hät se och met deer jesproche?« Nr. Zwei nick janz aandächtich. »Jo un, wat hät se dann jesaat?« Met singe Kullerauge lo't mich minge kleine jelihnte Enkel Nr. Zwei aan un säht janz leis un ihrfürchtich: »Die hat gesagt: Sag deinen Eltern, sie sollen endlich mal den Speicher ausbauen, damit du ein größeres Kinderzimmer bekommst!«

Wann die echte Jroß em nöhkste Johr widder noh Lourdes fährt, sollt et Maria die Baujenehmijung för der Speicher allt ens parat halde.

Fleerestruch em Fröhjohr

Et wor doch domols jar nit schlääch,
Wie mer noch hatte bloß e i n Tonn.
Ov Jlas, ov Zeidunge, ov Jröns,
Mer hät sich eifach nit verdonn.

Hück sammelt mer et Jlas em Korv,
Papeer jestivvelt un zorteet,
E Döppe met nem jröne Punk
Weed en jäl Tonne usrangscheet.

Der Jrönavfall kütt, wie mer liss,
Em Hervs un Fröhjohr aan de Stroß.
Bevör der Möllmann dä dann höllt,
Weed bei uns vill erömjekros.

Ming nötzer Hälfte krempelt sich,
Weil hä hät Freud am Sonnesching,
De Maue huh, schnapp sich de Schier,
De Leider och, trotz Röggeping.

Wat alt un drüch ess, schnick hä fott,
Un sin die Strüch och jetz jet koot.
Ejal ov nüdich odder nit,
Ne neue Kahlschnett deit ens jot.

Der Fleerestruch määt im jet Sorch:
»Maachen ich flöck«, dat wor ne Draum.
Die ful brung Blöte sin zo huh,
Denn us däm Struch, do woodt ne Baum.

Met Mot hä op de Leider klemmp.
Ärch waggelich die janze Saach.
Dat määt hä alles dann op Söck.
Su hatt ich mer dat nit jedaach.

Wie'n Ballerina, nor met Baat,
Bahnt hä jrazijös sich singe Wääch.
För die Baumschier huh zo halde,
Bruch hä vill Kraff, et weed im schlääch.

Hä kritt der Zidder, steit jeböck.
Schweißpäle peckelen erav.
För die Baumkrun zo beschnigge,
Muss hä erop, ov hä dat schaff?

Ich krijjen öm si Levve Angs.
Halden de Leider, »Eijenutz«.
Op eimol weed et Naach öm mich,
Do kom die Krun, die hä jestutz.

Un die ahl Blöte met Jestrüpp,
Voll Vugeldress, mangs durch die Hetz,
Met decke Fleje, Spenne, Flüh,
Hann ich em Hoor un jedem Retz.

De Haupsaach ess, der Fleerestruch
Ess jot beschnedde üvverall.
Kütt morje dann de Möllavfuhr,
Hann m e e r jenohch aan Jrönavfall.

E Bejrävnis ehschter Klass

Dä Rof öm Hölp kom ovends, wie se jrad beim Esse soße,
ming Schwester un ehre Mann. Denn och Pänz, die erwaaße
un allt lang us dem Hus sin, jriefe, wann Nut am Mann, he
aan der Frau ess, jän op de Eldere zoröck. Su och dismol.

Ehr Doochter, et Heike, wat allt de dressich jepack un
bal aach Johr en eije Wonnung hät, wor ärch en Rahsch un
dobei Rotz un Wasser am kriesche. Et Huusdeer, de Katz —
johrelang Fründin vum Deens, weil jo immer parat — wor
dut. Der Dokter hatt dat Deerche, wat allt zick e paar Wo-
che schwer malätzich jewäs wor, enjeschlöfert, un no kom
die Frohch op: Sollt et de Lich vum Dokter entsorje loße
odder se met heim nemme un för e schön Bejrävnis sorje?
Natörlich sollt et e Bejrävnis jevve met e paar dankbar
Wööt, nem Struuß Jadeblömcher un nem Krütz för de
Erennerung. Dat hatt sich dat Deer en all dä Johre verhaf-
tich verdeent.

Un wo ka'mer dat et bess maache? Em Jade vun de
Eldere!

Wie allt jesaat, dä Aanrof kom ovends, wie et allt düüster wor, un der Vatter, dä söns immer för sing Doochter springk, kom jet en et Tirvele.

»Kind, natörlich kanns do dat Deerche bei uns em Jade beerdije, ävver künne mer dat nit morje fröh em Helle maache?«

Wie hä dat usjesproche hatt, woss hä allt: Dat wor ne schwere Fähler. Vör luuter Schluckse un Kriesche kunnt hä sing Doochter kaum verstonn, ävver wat hä verstonn kunnt, wor, dat dat morje fröh zo spät wör. Dann wör die ärm Katz stief, un it künnt se nit mih aanpacke. Wann nit jetz, wann dann!

Alsu woodt zojesaat. Die Zick, bes dat et Kind met där dut Katz do wor, kunnten se för ze jrave nötze. Nor, der Vatter kunnt, weil hä ehsch vör e paar Woche am linke Kneen opereet woode wor, noch nit lang stonn un ehsch ens jar nit met Kraff un Drock en der Äd buddele. Wat jetz? Och der Schwoger, alsu der Ohm, dä bloß öm de Eck wonnt un dä mer versook hatt aanzerofe, wor aan däm Ovend jrad nit do. Su blevv et aan inne hange. Jot usjeröss met Spate, Hack un Täschelamp maat sich dat Bejrävnis-Team aan de Arbeit. En jot Plaz wor flöck jefunge, un zwor nevven der Karahsch. Dat Pläzje lohch em Summer em Schatte un wor em Winter jot jeschötz vör der Kält.

Et Jravushevve wor ihrlich en Plackerei; jrad wa'mer sich nit richtich bewäje kann, flupp nix. Un dann noch dat funzelije Leech vun der Täschelamp. Et Schöppe-Team kom nit vöraan. Jlich wöödt de Doochter mem Haupdarsteller aanrolle un se wore noch kaum üvver zehn Zentimeter deef. Irjendwie wor immer die Dress-Lamp em Wääch. Dä Enfall, dä inne us der Bräng holf, kom vum Vatter: »Ich hann doch noch su en Lamp, die mer sich am

Kopp fassmaache kann!« Flöck de Mamm en der Keller jescheck, un met däm Leech kunnten se dann openeus lossläje. Wie mi Schwester ehre Mann met der Lamp op der Steen sohch (et jitt Lück, die wöödte jetz sage: Dat ess en Bercharbeiterlamp! Ich sagen: Dat ess en Lamp, wie se fröher der Frauearz hatt!), kräch se sich vör Laache nit mih en, un dat heelt aan, bes et Heike, dat verhülte Weech, em Jade stundt. Un trotz Troor öm dat leev Deerche moot et Kind dann och hätzlich laache, wie et singe Vatter, usstaffeet wie ne Frauearz bei der »Inspektion«, beim Jrave sohch. Laache un Kriesche lijje jo off noh beienein!

Endlich wor dat Loch deef jenohch. Met e paar hätzlije Wööt un nem decke Struuß Jadeblome (et Heike hatt em Düüstere alles avjeschnedde, wat wie en Blom ussohch) woodt die Katz bejrave un hatt ehr letzte Plaz jefunge. Doch vörher hatt de Mamm, immer praktisch veraanlach, noch doför jesorch, dat dat Deer och en en Papeertüt enjeweckelt woodt, vun wäje däm bessere Verfuule. Einer muss jo schleeßlich aan de Ömwelt denke!

Donoh woodt dat Jrav widder opjeföllt, de Doochter jet beräuhich un en et Huus jebraat.

Langksam kräch se sich jet en, un wann de Trone dann doch widder leefe, broht se nor aan der Vatter met singer Kopplamp ze denke, dann wor et Laache widder aanjesaat.

Natörlich hatt der Ohm, dä en der Zweschezick widder derheim wor un si Telefon avjehoot hatt, vun däm Unjlöck erfahre un reef aan, för si Patekind ze trüüste. Ne Ohm kann su jet jot. Un domet dat Weech nit daach, nor it hädden su »schwer« ze drage, verzallt hä, dat och bei im derheim ne Troorfall en et Huus stündt, weil et dem Jroßvatter vun der Schwijjerdoochter en spe ärch schlääch jingk un mer met allem rechene mööt. Su kräch hä et Heike jetrüs.

Dä leise Usrof vun der Mamm us der Köch: »Su en jroße Papeertüt för der Jroßvatter hann ich ävver nit em Fundus«, hät wal keiner su richtich jehoot.

Ävver, wie allt jesaat, einer muss aan de Ömwelt denke.

Üvvrijens, em Jade vun dä Zwei ess noch vill Plaz, un als Schöppe-Team sin se jetz spezialiseet op ›Nachtbestattungen‹.

DE-ES-EL – met ov ohne Splitter?

Och ich mööch jän vun däm Wunderdinge »Technik« e Stöckelche avkrijje un mer ne DSL-Aanschloss läje loße.

Su jet ka'mer hück ratz-fatz em Internet bestelle un dann die nüdije »Splitter« un dat ärch wichtije »Modem« em Lade vun däm »Provider« kaufe. Ne »Provider« ess dä Tante-Emma-Lade, dä dat modäne neue Spill, nä, mer säht jo System, verhökert. Wa'mer sich dat jet leichter maache well, kömmert sich för 78 Euro ne Techniker öm dä janzen Bärm vun Saache, un mer ess us dem Schnieder.

Ich mööch janz flöck us dem Schnieder sin un jünne mer dä Techniker. Dä kütt och, pünklich wie de Mörer beim Fierovendmaache, aan däm Daach, dä ich mer usjesook hann, un jeit, ohne mich richtich aanzesinn, op minge Jötterjatte zo: »Sie haben sich für DSL entschieden. Eine gute Wahl. Ich lege Ihnen jetzt den Anschluss.«

Wie wann hä vun ener »Tarantella« jestoche woode wör, springk minge Mann op un säht, dat he en däm Huushalt nit hä för de Technik zoständich wör. Hä sollt sich aan de Frau Jemahlin wende. Dä Kääl vun däm DSL-Jedöns scheck koot ne Troorbleck nohm Himmel un fröch mich, ov hä ens uns Klosett benötze dörf. Hä benötz uns Klosett ärch lang, un langksam kumme mer Bedenke, ov de Frau Jemahlin im villeich jet op der Mage jeschlage ess. Dat sohch ich aan unsem Possmann, dä koot drop e Päckelche braat. Hä hatt Trone en de Auge, wie de Döör opjingk, un retireeten drei Schrett, wie wann hä vun ener Wand zoröck-jetitsch wör. (Ich muss üch dat ens evvens unseneinposa-menteere: Uns Jästeklosett litt – wie en bal alle Einfamillije-hüser – jlich nevven dem Enjang un, dat wäden ich nie verstonn, wie Architekte su jet plane künne, jenau jäjenüv-ver vun der Köch.) Dä Techniker met där doll Verdauung schlüüß uns dann en der nöhkste halve Stund DSL-Splitter un Modem aan, deit met Aanmerkunge, mih för der zweite Beldungs-wääch, doför sorje, dat ich dä neuen Aanschloss verstonn, un häut av nohm nöhkste Kunde. Jottsedank ohne noch ens uns Klosett ze malträteere.

Nohdäm ich alles widder aan sing Plaz jestallt un dä Ress vun där klein Bohrung fottjeblosen hann, mööch ich jän en aller Rauh dat neu System ens usprobeere. Tireckte-mang nohm Enschalde weed et Naach op mingem Beld-schirm, nix deit sich mih, ejal wat för en Taste ich dröcke.

Aan de nöhkste Däch verbrängen ich ming jesamte Freizick domet, vun morjens bes ovends met nette un fründlije Häre un Mamsellcher vum Service-Deens en die Enjeweide un die unermesslije Deefe vun de Megabytes en mingem Kompjuter eravzesteije. Ohne Erfolch. Et bliev alles schwatz.

Noh drei Dach hann ich de Nas jestreche voll un ver-lange ne neue Besök vun su nem Techniker, dä entweder dat DSL-Jedöns öntlich aan et Laufe brängk odder mer dä ahle Zostand widder installeet.

Natörlich kütt ne andre junge Kääl, dä ävver jenau esu de Auge rollt, wie hä hö't, dat hä sich met meer, ner Frau em riefe Alder, erömschlage muss.

Jet huhpöözich säht hä: »Na, was haben wir denn da gemacht?« E klei bessje jeit mer allt de Jall üvver. »Meer« hann jar nix jemaat, knallen ich däm Lällbeck vör der Latz. »Frohcht doch ens Öre Kollech, un domet dat klor ess, Ehr kutt ehsch he us der Döör, wann die Kess widder läuf, ejal ov met der ahl Versijun odder däm neue Splitter- un Modem-Jedresse.«

No jeit et loss:

»Der Rechner erkennt die neue Netzwerkkarte nicht.«

»Dann ess die villeich kapott?«

»Meine liebe Frau, Netzwerkkarten gehen nicht kaputt!«

»Meine liebe Frau«, wenn ich dat allt höre, kummen ich mer vör wie en ahl Hellijefijor. Die »liebe« Frau ess en jestande Mamm, där e Huus jehö't, se schriev kölsche Böcher un ess och söns nit op der Kopp jefalle. Meer kann keiner verzälle, dat et irjendsjet jitt, wat nit kapott jonn künnt, un dat sagen ich däm Intellijenzbolze janz deutlich vör de Schwad.

Fix un fädich met de Nerve höllt hä en neu Netzwerkkaat us singem Firmeauto, baut dat Dinge muuzich en un… et läuf, un wie!

Langksam wäden ich zehn Zentimeter jrößer. Ich hätt jo jetz de Schnüss halde künne, villeich dät dat en fing Madamm, ävver ich moot däm Kälche doch noch eine verpasse. »Hatt ich villeich doch rääch?«

Wör singe Bleck e Metz, wör ich jetz dut.

Stell för mich denken ich: Wann dä jetz noch eine Ton säht, darf hä nit bei uns op der Klo!

Nä, wat en Kultor!

Endlich stonn widder e paar Dach Ferije en et Huus. Dat Kofferpacke ess jedes Mol för mich en Aufjab, die ich nit jän lüse. Ejal wohin de Reis jeit, et künnt üvverall ens räne, ens öntlich der Wind blose, ens kalt wäde. Ußerdäm künnt mer sich beim Elansjonn am Buffet, wa'mer sich zo vill op der Teller stivvele deit, janz fies et Baselümche beklleckere, de Botz künnt us alle Nöhte platze ov der Dräjer vum Badeaanzoch flitsche jonn. Met ander Wööt, mer muss aan alles denke un för alles jeröss sin. Natörlich nimmp mer jedes Johr zo vill met. Richtich määt mer et nie.

Un dann kütt dat Paratmaache vum Kultorbüggel, un do kummen ich hück aan et Üvverläje. Kultorbüggel! Künnt ehr mer ens sage, wat die Täsch us Stoff, Ledder ov Plastik, off en ener Färv, vun där mer Muskelkater en de Auge kritt, eijentlich met Kultor ze dunn hät?

Ess dat Kultor: verdrüchte Zantpasta, allt halv usjedröckte, beklätschte Jeeltube, Deoroller met Fusele, steinhade Wäschlappe, ahl Lockeweckler, Wattebällcher aan der Spetz jrau-antik verschmuddelt, verklävte Ohrstäbcher. Der Kamm, knüselich, hinge noch kaum met Zacke, mööt eijentlich en der Möll. Rostije »Einwegrasierer« un usjefranste Papeertäschendöcher runde dat Bild av. Nit ze verjesse die Antifaldekräm, die et Verfallsdatum allt üvvertrocken hät, un die Feuchtichkeitskräm, die su hatt ess, dat mer se us dem Postelingtiejel nor mem Metz erusschnigge kann. Dat Aspirin, en Brausetablett, versteit sich, ess nor noch ei Jejrümmels, un et Hoorspray steit koot vörm Explodeere. Do frogen ich mich em Ähnz: Wie krijjen ich et met där Füllung op de Reih, dat der Kultorbüggel och wirklich jet met Kultor ze dunn hät?

Alsu, dä janze Dresskrom fottwerfe un dä Büggel met neu Saache usstaffeere brängk et nit.

Die Tube un Krämcher sinn en e paar Jöhrcher widder för ze bütze us. Wie wör et, wann ich en avjeresse Entrettskaat vun enem Opernhuusovend odder en Kunzäätkaat vun der Philharmonie – jot verpack, dat nix draan kütt – en der Kultorbüggel läje?

Klassik ess Kultor, un wann ich en de nöhkste Woche ens en et Römisch-Jermanische Museum jonn, dunn ich die Entrettskaat dozo, dat mööt för et Ehschte recke. Mer soll et jo nit tireck üvverdrieve!

Ich weiß jo nit, wie et bei üch ussüht, ävver ich hann jetz ehsch ens jenohch Kultor en mingem ahle Büggel.

Aan der »T-Kreuzung« räächs

Morje ess dat Bejrävnis vun däm ahlen Här. Noch weiß ich nit, wo ich jenau herr muss. Jewonnt hät hä met singer Famillich op Roermond aan, alsu jet ärch wick us mingem Dunskreis. Zojevve mööch ich koot, dat ich dä leeven ahlen Här persönlich jar nit kenne, ävver weil minge Son un sing Enkelin sich ärch jän hann, woll ich däm Mädche zoleev bei däm Bejrävnis dobei sin.

Ich soß natörlich wie op heiße Kolle, weil su en fremde Streck mich immer jet hektisch määt vun wäje jenauer »Uskunf«. Do jonn allt ens de Meinunge usenein.

Die ehschte Uskunf kräch ich dann spät ovends vun mingem Son: »Usfaht Suwiesu nemme, üvver de Ampel, bes zor T-Kreuzung, dann räächs immer jradus en dat Dörfje un dann sühs do de Kirch allt op der linke Sick.«

Morjens fröh Aanrof vun singer Fründin: »Nä, nit d i e Usfaht, die nöhkste nemme, dat andre wie allt besproche, Ampel, T-Kreuzung räächs.«

Et hädden mer do opfalle müsse: Alles andere wie vörher!?

Wat mer en der janzen Amberahsch nit enfeel, wor die Frohch: Wie heiß eijentlich dä Jroßvatter un wie die Kirch, wo de Dudemess jehalde weed? Nit dat ehr denkt, ich wöss nit dä Name vun minger Schwijjerdoochter en der »Warteschleife«! Ävver dä ahlen Här wor der Vatter vun der Mamm. Em Klortex: Ußer däm Wääch woss ich eijentlich nit vill.

Fröh jenohch maat ich mich op de Autobahn, un et leef wie e Döppche. De Usfaht wor jo klor, dann üvver de Ampel un aan der T-Kreuzung räächs. No ka'mer sich jo strigge, wat en T-Kreuzung ess, ävver su ein, wo mer wirklich nor räächs odder links avbeje kunnt, hann ich nit jefunge. Alsu fohr ich treu un brav Kilometer öm Kilometer, immer met der Hoffnung: Jlich kütt se, jlich muss se jo endlich kumme! De Zick leef mer fott, wie de Kilometer unger de Rädder, un et woodt mer klor: »Do muss drihe, do häss dich allt widder ens verfahre«. Wör nit et ehschte Mol, muss ich zojevve. Ävver wat soll et, och Kolumbus hät sich allt verfahre, nä versejelt. Hä woll noh Indie un kom noh Amerika.

Em Kopp jingk ich die janze zoröckjelaate Streck noch ens durch, un minge Plan wor klor: Noh der Ampel eifach ens avbeje noh räächs, natörlich jetz noh links, weil ich vun der ander Sick kom. En däm kleine Dörfje jov et och en Kirch, der Parkplatz doför minscheleer un die Kirch zo.

Et jitt wirklich fründlije Minsche. Dä Mann, dä nevven der Kirch em Jade am arbeide wor, woss zwor nix vun ener Beerdijung, ävver hä dät mich aan de Kösterin em Dörp verwiese, die em Hus jäjenüvver wonnte.

De Frau Marx, en hätzlije älder Frau, versproch mer Hölp, un ich hatt de Jeläjenheit, mer flöck de Nas ze pudere, dat heiß esu bei fing Lück, ich moot nämlich nüdich op der Klo. En der Zweschezick hatt de Frau Marx mich en et Hätz jeschlosse, alle Faarhüser em Ömfeld aanjerofe un kunnt mer endlich sage, wo ich jenau herr moot. De Mess hätt jrad aanjefange un et wöödt secher nit opfalle, wann ich e paar Minutte zo spät wör. Se dät mer och ene Name sage, un ich kunnt nor bedde, dat dat et richtije Bejrävnis wor.

Noh där Wäächbeschrievung hann ich dann och alles jot jefunge, nor mi persönlich Pech wor, dat usjerechent de Möllavfuhr em Schretttempo vör mer fohr un en dä klein Stroße un Jässjer kei Lanskumme müjjelich wor.

Et blevv mer kein Wahl. För üvverhaup noch jet vun der Mess metzekrijje, hann ich dann mi Auto medden vör der Kirch plazeet, ne Zeddel dren jelaat: »Ben ens koot en der Kirch« un mich höösch en de letzte Bank jesatz.

Leeven ahlen Här, och wa'mer uns nit persönlich kenne, ich hann jrad noch der Schlusssäje vun dinger Dudemess jepack, ävver ich kunnt dich winnichstens met aan et Jrav bränge. Bloß zom Fellversuffe en de Weetschaff »Zur letzten Träne«, dat hät widder nit jeflupp: Ich moot en där Zick mi Auto uslüse, wat se fründlijerwies avjeschlepp hatte.

»Mer süht sich!«

VUM LEVVE UN STERVE

Ich dät et all noch ens

Ich dät noch ens all die Saache,
Die mi Levve hann jeprääch.
Ich jonn met ov ohne Laache
Jradus wigger minge Wääch.
Loße mich nie janz verbeje,
Weiß, dat krützwies ich jestreck.
Doch ejal, ov ich am Boddem,
Hann mich immer noch em Bleck.

Ich dät noch ens Fähler maache –
Ohne die wör't Levve ärm.
Ich dunn kriesche un dunn laache,
Nemme jän mich op der Ärm.
Ben ne Minsch, dä ohne Fründe,
Ohne Wärmde jing kapott.
Hann och allt vörbei jejreffe,
Moot dann dragen öre Spott.

Ich dät hück un immer widder
Zeije, wat för mich hät Wäät.
Janz ejal wie deef ich falle,
Ich ben jän he op der Äd.
Hät mi Hätz och vill Blessore,
Die jehöre bei et Jlöck.
Un wann ich üch he belore,
Sidd ehr all vun mer e Stöck.

Ich dät et all noch ens!

Hätt nit jedaach

Hätt nit jedaach,
Dat do mi Levve
Eifach esu ändre künnts.

Wors eimol do,
Stundts en der Döör
Un bess bes hück
En mingem Levve,
Ejal wat wor,
Jeblevve.

Hätt nit jejläuv,
Dat ich bei deer mich
Su falleloße künnt.

Lors mich nor aan,
Un jrad dä Bleck
Hält mich dann fass.
Loße mich drage.
Do bess, wat zällt,
Nix sage.

Hann mich verändert,
Ben vill freier.
Sage, wat ich föhle,
Un noch mih.
Weiß mänchmol nit,
Wo i c h jeblevve.
Hann fröher nie su jet jekunnt.
Jetz, allt jet spät en mingem Levve,
Weed et durch dich verröck un bunt.

Hätt ich ne Wunsch frei
Wie em Märche,
Dät dä sich drihe nor öm dich.
Mööch met deer fleje durch de Wolke!
Dat schaffe mer och irjendwie.
Et bliev dä Wunsch:
Et Engk köm nie!

Jester – hück – morje

Et jitt zwei Dach, aan denne bruche mer uns kein Sorje ze maache.

Zwei Dach, die mer uns freihalde künne, ens janz ohne Angs.

Einer vun dä Dach ess dat Jester met all singe Fähler, met Hätzschmätz, dä uns bal aan de Äd trick. Dat Jester ess fott, un et janze Jeld, wat et op der Welt jitt, kann uns dat Jester nit mih zoröckbränge. Nix, wat mer jester jedonn hann, künne mer zoröcknemme.

Jester ess vörbei!

Dä andre Daach, üvver dä mer uns kein Sorje maache sollte, ess dat Morje met all singe Jefahre un Versprechunge. Dat Morje künne mer hück nit kontrolleere. Et kütt jo ehsch. Morje weed de Sonn opjonn. Et kann sin, dat uns am fröhe Morje de Sonnestrohle allt en der Nas kitzele odder dat de Sonn ehre Jlanz hinger decke Wolke verstich. Ejal wie et weed, dat eine steit op jede Fall fass: Se weed opjonn!

Un bes se opjeit, sollte mer uns kein Sorje üvver dat Morje maache, denn Morje ess noch jar nit jebore.

Et bliev eijentlich nor eine Daach üvverich: Hück!

Jede Minsch kann nor die Schlaach vun einem Daach schlage.

Dat mer denke, mer brechen unger all der Lass zosamme, passeet off, weil mer em Jeheensschaaf dat Jester un dat Morje noch op dat Hück droppacke.

Et ess nit die Erfahrung, die mer hück maache, die uns Minsche kapott määt, nä, et ess dat Nohkaate, die Verbetterung un och dat Bedore üvver dat, wat jester passeet ess, ävver och die Angs, wat morje noch dobeikumme künnt.

Mer mööt lihre, jet ömzedenke. Et Levve muss nit luuter wärm, satt, windstell un ohne Welle sin, söns ess et kei Levve, ävver meer, meer mööten die Stürm un die Welle, die kumme, e bessje besser en unsem Levvensboot avfange. Un wann su en huh Well doch ens üvver uns zosammeschleit, Kopp huh, denn dä kütt zoehsch widder erus.

En Plaz woodt frei

Ne Aanrof kom: »Häss do jehoot,
Wat jester ess passeet?
Dä ahle Fründ vun uns, do weiß,
Met däm mer off jefeet,
Dä hät der Herrjott sich jehollt;
Jläuv nit, dat hä allt wollt!«

Hä wor doch immer su aläät,
Leet der Kopp nie hange.
Mer hann su vill met im jemaat,
Jetz ess hä jejange.
Hä weed uns fähle, zapperlot –
Mer fingen dat nit jot.

Sing Rümcher, die hä met vill Freud
Un singem kölsche Wetz
För üch un uns jeschrevven hät,
Ich jläuve, bes zoletz,
Die drage meer, wann et dann pass,
Met vör, hä hät dann Spass.

Der letzte Wääch, dä si'mer dann
Zosamme stell jejange.
Et wor ne schöne Fröhjohrsdaach,
Der Himmel nit verhange.
De Sonnestrohle üvverm Hang
Wärmten der letzte Jang.

Do jingk e Händi hinger uns,
Wor nit ze üvverhöre.
Ehr künnt et jläuve meer op't Woot:
Uns dät dat jar nit störe.
Dä Aanrof wor för unse Fründ.
Vum Herrjott dat Jespräch.
En Plaz wöödt bovvenhuh jrad frei!
Fründ, maach dich op der Wääch!

Nor sibbe Dach

Ihrlich, et ess ärch schön, wa'mer enjelade weed, för de kölsche Sproch dä Lück ens jet nöherzebränge.

Jrad hinger Kölle, nit op Düsseldorf aan, nä, mih su en der Nöh vum Sibbejebirch, hö't mer besonders jän die Sproch, die uns Kölsche usmäät.

Wie usjerechent die »Bestatter des Kreisverbandes Rhein-Sieg« op mich jekumme sin, weiß ich nit. E bessje Sorch määt mer die Aanfrohch natörlich. Nit, dat die neu Kundschaff söke. Hoffentlich sinn ich nit esu hinfällich us, dat die denke, ich künnt en der nöhkste Zick der Löffel avjevve. Ich föhle mich em Momang doch eijentlich richtich jot!

Ävver, neujeerich, wie ich vun Nator us ben, nemmen ich die Enladung aan un maache mich op de Söck noh Oberdollendorf zor Haupversammlung un zom Dämmerschobbe met meer als Üvverraschungsjass.

Dat Schmölzje, wat op mich wadt, hät jet. Bestatter hann ich mer immer alt, jrau, met jröner Jeseechsfärv vörjestallt, ävver die Lück, die he Spass aan der kölsche Sproch hann, sin en der Haupsaach jung Minsche esu öm de dressich, villeich e paar Jöhrcher drüvver. Nor die huh Häre vum Vörstand sin dem Verfallsdatum allt jet nöher.

Et ess jo en Haupversammlung un et weed ehsch ens all dat besproche, wat et aan Neuerunge rund öm de Dudelad jitt. Jetz weiß ich och, dat ich, wann ich dut ben, nit länger wie sibbe Dach erömlijjen darf, op Ies versteit sich. Dat deit mich jet beräuhije. Jot, eine Daach künnt mer noch fusche, ävver su sibbe Dach janz allein sin ihrlich jenohch. Schleeßlich mööch mer doch, och, wa'mer dut ess, wesse, wohin de letzte Reis jeit.

Dat Bestatter ne Berof ess wie Daachdecker, Bäcker ov Möler, weed mer he klor. För die Lück ess et Sterve jet, wo se jeden Daach met ze dunn hann. Eijentlich ess dat sujar ne Berof, dä immer mih jefrohch weed, ohne dat die Lück allt dut sin.

Et ess hückzodachs kein Seldenheit, dat älder Minsche allt ehr Beerdijung met allem Dröm un Draan vörher met dem »Bestatter ihres Vertrauens« avspreche un och alles allt bezahle. Dobei loßen se sich richtich berode, wie wann se sich e neu Kleidche ov nen Aanzoch, nit jrad vun der Stang, kaufe welle.

Dat mööt mer enfalle, den »Bestatter meines Vertrauens« alle paar Mond op en Tass Kaffe zo besöke, domet ich en »persönliche Beziehung« zo minger Kess krijje. Alsu ich kann mich noch nit domet aanfründe, mer ming Dudelad, minge Naakspunjel ov mi Kleid för die Reis noh bovven odder ungen jetz allt uszesöke. Un wat för nen Hot ich dann opsetze mööch, weiß ich och noch nit. Kütt janz op de Johrszick aan.

Wie se mich am Engk och noch op der »Tag des offenen Sarges« enlade, halden ich mich jet zoröck un vertrüüste die Dudeladespezis op de nöhkste Johre.

Noch kummen ich ohne dä »Bestatter meines Vertrauens« us, ävver wann ming Zick jekummen ess un ich hingerdren nit mih su staats un nett ussinn, hann se mer all en de Hand versproche, mich widder jot zoräächzeknuve. Natörlich mööt ich mich noh mingem Dud fröh jenohch melde. Do können se och för mich kein Usnahm maache, aan die sibbe Dach muss och ich mich halde.

Met wärm Häng jejovve

Die ehschte Monde em neue Johr hann et en sich. Noh nem kahle Winter, jrau un naaße Däch un mulijem Erömdötze määt ne klitzekleine Sonnestrohl uns Hätz wick op. Un dann, dann bliev et och op, denn dann kütt der Fastelovend. Ha'mer dä jot hinger uns, kütt Poosche, un domet ess et Fröhjohr enjelügg. Alles Saache un Däch, die mer jän hann. Ävver wat mer nit ungerschätze sollt, dozwesche kütt noch de Jrippewell aanjerollt.

Chromosomonal sin de Käls do jet pingelijer wie mer Fraulück. Se hann Fastelovend all ehr janz Pulver verschosse un, aanfällig wie se sin, schaff et der Virus janz flöck, sich bei inne fasszekralle.

Dä Satz »Ich ben verkält«, vun enem Kääl usjesproche, kütt bal nem Dudsurdeil jlich. Streng jenomme, ess hä bal dodrüvver erus un künnt si spärlich Hab un Jot eijentlich allt unger de Erve verdeile. Wä kennt nit dä Sproch: Met wärm Häng jejovve...

Ävver et hät in och ärch schwer jetroffe. Nit einer, dä mer en der Famillich un em Fründeskreis kennt, hatt jemols en ruder Nas wie hä, keiner je su ne schlemme Schnuppe. Noch nie hät et Ömfeld, wat heiß he Ömfeld, de Welt su e furchbar Jeräusch jehoot, wie wann hä am Hosten ess. Mer hät Angs, de Bronchie däten erusfleje. Un dä äkelije Usworf, en Färve jescheldert un usjemolt, die ne Ränboge neidisch maache künnte, määt uns Fraulück su fädich, dat mer die lang jeplante Fröhjohrsdiät freiwellich aanfange.

Doot üch nit wundere, wann dä Malätzije, jetz, wo im de Bröh us der Nas läuf, kei Papeertäschendoch aanpack, ovschüns en der Werbung en der Äujelskess die Dinger jot erüvverkumme: Weich wie Siggepapeer, dobei rießfass, ejal wie voll se wäde.

Jetz erlääv dat ordinär Sackdoch sing Renaissance, un meer Fraulück dörfen dann die knusprije Stoffdöcher wäsche. Määt jo eijentlich de Wäschmaschin, nor do eren fleje dunn die nit.

Jän sprich hä zwesche zwei Hosteaanfäll üvver singe Leidenswääch. Dä Virus, dä en im sing janze Wot uslääv, hät secher allt janze Völkerstämm parat jemaat. Ävver hä, hä weed en besieje. Hä ess kämpfe jewennt.

E bessje Hölp vun singer Frau wör dobei nit schlääch. Doch wat ungernimmp die jäjen dä verheerende Feind: Se koch im ne Peffermünztee un deit im e heiß Bad met Eukalyptuszosatz enlaufe loße. Hä ess e bessje beleidich. Wie kütt se dozo ze denke, dat su en Wann wärm Wasser jäjen die Jeißel vun de Minsche aanköm!

Käls wäde zwor jet ärch langksam widder jesund, ävver, hatt wie se sin, se dunn et üvverlevve. Se loßen sich nit hange, un wann öre Mann de ehschte Besserung verspö't, mööch hä sich em Huushalt jän jet nötzlich maache. Zeije, dat mer widder met im un singer janze Enerjie rechene kann. Sing Frau soll staune, dat in nix, ejal wie schwer et in triff, vum Sockel häut.

Wann ör Altarjeschenk en däm Stadium am Schrubber der Stecker sök, ess hä doch noch nit su janz op dem Damm, dann loßt in besser jet spöle odder zorteere, wann müjjelich em Setze, nor Jedold, et weed jo widder, hä ess jo kei Weichei.

Hoffentlich kummen ich do elans

Et weed esu vill jeschwadt üvver Minsche, denne et schlääch jeit. Mer dunn dat all jän verdränge, hoffe, dat dä Kelch aan uns un unser Famillich elansjeit. Wa'mer en der Stadt ungerwächs ess, fallen se einem dann doch en et Auch, die Lück, die en de Huusflure un unger de Pooze lijjen un setze, en zosammejewürfelter Kledasch, decke Schohn un decke Mötze aan. Et ess kalt, och en Kölle. Un och en de Minsche.

Av un aan jitt mer och allt ens e paar Cents, ävver ihrlich, mer denk janz flöck: Die sollen sich doch ens Arbeit söke, ich muss och för mi Levve selvs sorje. Zack, domet ess dat Thema vum Desch – us de Auge, us dem Senn.

Hück muss ich enkaufe, Besök hät sich aanjesaat, un do mööch mer jo och jet Jots op der Desch stelle.

Ich ben janz en Jedanke, do sprich mich einer aan, nä, keine Mann, et ess en jüngere Frau. »Künnt Ehr mer 50 Cents schenke, mer jeit et nit jot. Ich muss minge Pass verlängere loße, söns krijjen ich ming Ungerstötzung nit. Un dat Verlängere koss 10 Euro.«

Soll ich dat jläuve? Villeich kött die Frau för en neu Fläsch Schabau odder en Packung Zerette. Mer weed jo hück üvverall beloge un bedroge. Hät kei Vertraue mih zo nem fremde Minsch. Die trorije Auge lore mich aan. Immer dunn se mich aanbeddele. Irjendwie muss ich esu ussinn, wie wann ich jedem jet jevven dät. Eijentlich mööch ich mich erömdrihe un wiggerjonn, ävver ich kann et nit, krose en mingem Jeldbüggel un jevven der jung Frau zwei Euro. Beim Bedanke well se noch ne Verzäll met mer aanfange, ävver ich maache mich met dä Wööt »Dann mütt Ehr lore, wie Ehr dä Ress zosammekritt« op minge Wääch.

Zofredde ben ich nit met mer. Mingen Enkauf maachen ich jet dräumdöppelich. Immer widder hann ich dat Bild vun där jung Frau vör mer. Ich lade mer jetz der Enkaufswage huhvoll – un do drusse steit ne Minsch, dä nit weiß, wo hä hück noch e paar Euros för ze levve kritt. Un wie der Düvel et well, drusse, om Parkplatz, sinn ich die Frau widder. Se sprich ander Lück aan, un us de Augewinkele kann ich sinn, dat et nit vill jitt, die der Büggel för e paar Cents opmaache. Ich sorje flöck, dat ich fottkumme, ävver der janzen Daach hann ich dat Jeföhl, jet verkeht jemaat ze hann. Woröm hann ich ehr nit jejläuv un ehr die zehn Euro jejovve? Ärmer wör ich dovun och nit jewoode. Wie wör et meer, wann ich nix zom Levve hätt un op ander Minsche aanjewese wör? Vörstelle kann ich mer dat nit, et muss schlemm sin, vun hück op morje op et Avstelljleis ze rötsche. Hoffentlich kummen ich do elans.

Ihrlich, ich dunn mich vör mer selvs jet schamme. Fangen ich jetz och allt aan, nor et Schläächte en enem Fremde ze sinn?

Nix do, dat loßen ich nit noch ens zo. Beim nöhkste Mol, wann mich widder ens einer, dä Nut hät, öm Hölp aansprich, versöken ich su ze helfe, dat ich mer widder en et Jeseech lore kann. Un ov dä sich Schabau odder jet för ze müffele käuf, ess mer ejal, Haupsaach, hä ess villeich för ne koote Augenbleck e bessje jlöcklich.

Üvvrijens, ich och!

Wat bliev, wat kütt?

Wat immer bliev, ess die Erennerung aan di Laache un ding
    Leev,
Die halden ich em Hätze waach.
Wat immer bliev, ess dat Jeföhl vun Wärmde, die ding Häng
    mer jofe,
Vermessen dat aan mänchem Daach.

Wat wih noch deit, sin all die Dööner, die sich jedröck hann
    en ming Siel,
Op eimol wor uns Zick am Engk.
Wat wih noch deit, sin all die Saache, die usjesproche voller
    Wot;
Zoröck se nemme, nix mih brängk.

Wat mich bewääch noh all där Zick, dat ess die Frohch, wie
    et passeet ess.
Ha'mer de Zeiche üvversinn?
Wat mich bewääch aan enem Daach, dä fröher mer jemein-
    sam feeten:
Wie läuf di Levve hück dohin?

Wat mer off fählt, dat ess dä Zosproch, die Ungerstötzung,
    die ich broht,
Öm nevven deer och ze bestonn.
Wat mer off fählt, ess de Kritik un der Disköösch öm alles
    Neue;
Dat hät mer immer jot jedonn.

Wat langksam kütt, ess dat Verlange, dat ich su lang hann
    ungerdröck,
Noh enem Minsch, dä su wie Do.

Wat langksam kütt, dat ess der Mot, endlich dat Ahle loss
ze loße.
Die Döör schleeßen ich jetz zo.

Kölsche sterve nit us!

Dat jung Päärche, it en ech kölsch Weech met dem Hätz op
der Zung un immer nem kölsche Leed op de Leppe, hä ne
junge Poosch, dä üvverall do derheim ess, wo si Fräuche
met im lääv, trecke, weil der Berof et nit anders zoliet, vun
Kölle en de Diaspora noh Süddeutschland. Ovschüns die
jung Frau ehre Berof, sei ess en Döktersch, jän hät, määt et
Heimwih noh Kölle ehr ärch ze schaffe. Allt noh e paar
Mond steit et för sei fass: Irjendwann jeit et zoröck noh
Kölle. Alle zwei Woche määt sich dat Päärche jetz vum
Süde durch de Kod noh Kölle, för de Eldere, de Fründe, de
Stadt, der Dom ze besöke un der Döff vum ahle Vatter
Rhing ze schnuppere. Nor su kann die jung Frau mem
Heimwih fädich wäde.

Nohdäm se en ander Ömständ ess, ess se sich janz
flöck drüvver em klore: Mi Kind krijjen ich en Kölle, do
kann kumme wat well, dat weed ne kölsche Jeck! Un et
flupp och. Dat klei Dööchterche weed en Kölle jebore un
och he jedäuf. De Famillich, vör allem die jung Mamm, ess
richtich jlöcklich. Jetz hät se noch mih Jründ, noh Kölle ze
kumme, denn de Jroßeldere mööchten ehr Enkelmädche
natörlich off sinn un feukele. Su wääß dat klei Büselche met
der Leev zo där Stadt op, en där it jeboren ess, un noh

»Mama« un »Papa« kritt it och allt de ehschte kölsche Tön un Leedcher beijebraat. It kann kaum laufe, do lihrt et der Dom vun enne su jot kenne wie ne Fründ, schnupp em Schukeklademuseium de Plätzjer un schleit op dem Ärm vum Papp aan Rusemondaach allt e klei Trümmelche.

Meddlerwiel hät it e Bröderche kräje. Och dä kleine Poosch ess en Kölle jebore, ävver nit he jedäuf, un dat lus klei Weech säht stolz för sing Mamm: »Ich ben ävver mih ne Kölsche wie mi Bröderche, ich ben och en Kölle jedäuf!«

De Zick bliev och bei ander Lück nit stonn, un dat Klein ess em vörije Johr en de Kinderverwahrschull jekumme, natörlich do, wo die jung Famillich noch e paar Johr blieve muss. He föhlt sich dat Klein zwor janz wohl, ävver it merk doch, dat die Puute he janz anders jetrocke wäde un »kölsche Leedcher« nit jefrohch sin.

Derheim versök de Mamm, wann se us dem Krankehuus kütt, dat kölsche Manko uszofölle, ävver se määt sich Jedanke, ov dat Klein nit besser och allt ens en ander Sproch lihre sollt. Kölsch ess schleeßlich bloß en Mungkaat – nä, stemmp nit, et ess en eije Sproch, ävver mer kütt nit wick domet.

En der Nohberschaff wonnt en jung Italjänerin. Die künnt mer doch ens froge, ov se ens ein- odder zweimol en der Woch met däm Klein spille un e bessje Italjänisch spreche wöll.

Mer ess sich flöck einich, un zick e paar Woche kütt die jung Frau un bastelt un spillt met däm kleine Weech. Av un aan säht se e paar italjänische Wööt, die dat Klein mänchmol, su wie et Loss hät, nohbubbelt.

Irjendwann ovends, wie et bei der Mamm om Schuß sitz, höllt it op eimol deef Luff, nimmp der Kopp vun der Mamm en sing klein Hängcher, lo't ehr janz ähnz en de

Auge un säht: »Un dat do et weiß, ich well kei Italjänisch odder Lating, ich well nor Kölsch lihre, söns nix!«

Un do maachen ich mer Jedanke, ov noch jenohch Kölsche nohwaaße!

Bruchen ich nit. »En Kölle am Rhing ben ich jebore«, dat Leed hät och hückzodachs noch singe Wäät, mer muss dat denne Puute nor richtich erüvverbränge.

Ne kleine Stempel

Hät mer e Hätz, wat schwaach un krank,
Dann kütt mer aan et Denke:
Wat weed jetz usprobeet, wat flupp?
Der Herrjott weed et lenke.

Ov der Här Dokter et all fingk,
Wat ess ze repareere?
Verschlessenes noch flecke kann?
Mer muss et wal reskeere.

Wat määt mer jetz met singer Angs?
Vör Nut brich mer zosamme.
Se krüff vum Foß bes en der Kopp.
Mer deit sich ihrlich schamme.

Un Engks der Woch, do ess mer draan,
Beluhnt weed jetz dat Wade.
Et weed och Zick, dat Hätz bruch Hölp,
Zo jroß ess allt dä Schade.

Et hät jeflupp, mer ess jetz fit,
De Angs allt bal verjesse.
Doch jet, wat op der Siel noch litt,
Dat mööch mer wirklich wesse.

Dat ess die Saach: Ka'mer och sinn,
Wa'mer en't Hätz deit lore,
Ov et en Kölle ess derheim?
Der Dokter fingk kein Spore.

Weil, Fremde hann in nit em Bleck,
Ejal, wat se verzälle,
Dä kleine Stempel meddendren:
Dat Hätz he ess vun Kölle!

WAT WÖR UNS LEVVE
OHNE CLOWNS?

Wie süht hä us,
dä kölsche Clown?

För üch all steit hä he em Raum,
Uns Urjewächs, dä kölsche Clown.
Hä kann alles: Springe, laache,
Och met üch de Aap ens maache.
Kann däftich sin wie'n Nümaatskrat,
Och elejant un akkerat.
Lo't nor noh vörre, kaum zoröck.
Jünnt jedem Minsch e Stöckelche Jlöck.
Doch dä Clown mem kölsche Hätz
Kennt och Wihmot, Troor un Schmätz.
Hä weiß, dat Jlöck nit iwich hält,
Wie su mänches op der Welt.
Doch nie liet hä de Flöjel hange,
Ess singe Wääch bes hück jejange
Stolz un jrad, och allt ens stoor.
Wor doch ejal – wat bliev, zällt nor.
Hä böck sich nie, bliev mehschtens stonn,
Steit immer op, deit wiggerjonn.
Die Frembcher kenne nit die Kraff,
Die Flöjele us Mot im schaff.
Dat, wat in driev, wie ne Motor –
Ess si Jemöt, Hätz un Humor,
Hä hät et, kann et nit bestelle,
Dat all, dat ess: dä Clown us Kölle.

Ich spille jän der Clown

Ich bränge jän met vill Pläseer
De Minsche aan et Laache
Un zeije, dat uns Mutter Äd
Hät jot un schläächte Saache.
Ben Zirkus- odder Lappeclown,
Jrad wie de Lück mich welle,
Su'n Roll mer selver jot jefällt,
Ärch jän dunn ich die spille.
Ich kann met minger Knollenas
Em Baselümche bunt
Uns jrau, kahl Welt verzaubere,
Un ess et nor en Stund.
Wann dann ne ärme Minsch vör Freud
Verjiss, wat in bedröv,
Weiß ich, ich maachen dat su lang,
Bes mich der Herrjott röf.

Doch hingernoh, vun allem fän,
Janz ohne Pürk un bunte Klör
Ben ich bloß »Minsch«, un stellt üch vör:
Och dat, dat ben ich jän!

Ne Clown ze sin en Kölle

Ne Clown ze sin en Kölle,
Dat kann ich üch verzälle,
Ess en janz besonder Freud.
Un hä hät niemols et bereut,

Ejal wie schwer hä selver dräht
Un denk, för in wör et zo spät,
För ander Minsche do ze sin.

Ne Pierrot

Janz wieß bemolt, ens laache? – kaum,
Su steit ne Pierrot em Raum.
Bal wie en Maske et Jeseech,
Lo't hä en't helle Sonneleech.
Föhlt sich verlore en der Welt,
Mer spö't, dat se im nit jefällt.
Sing Auge voll vun Trorichkeit.
Ein Tron verzällt vum Hätzeleid
Un läuf, wann immer hä se bruch,
Vum Bäckelche erav nohm Buch.
Hä schaff et, dat mer singe Kummer
Met dräht. Wat en Supernummer!

Ne Zirkusclown

Ne Clown em Zirkus määt vill Saache.
Hä brängk de Puute aan et Laache.
Scheck Seifeblose wieß un bunt,
Jroß un klein, all kugelrund,
En et Zirkuszelt op Reis.
Die klein Puute wäden leis,

Se luustere, wat su ne Clown
Verzälle deit vun Zick un Raum.
Met all dä Spillcher, die hä määt,
Och »Jroße« hä en sing Draumwelt dräht.

Spill nit nor der Clown

Hör op un spill nit nor der Clown!
Och do darfs zeije, wat dich dröck.
Et Levve ess nit bloß e Spill.
Loor doch noh vörre, nit zoröck,
Denn jevve deit et vill.

Noh'm Senn zo söke brängk deer nix,
Dröm nemm et, wie et ess, och aan.
Antwoot ze finge schaff mer nie.
Et Levve ess en Aachterbahn;
Weed fluppe irjendwie.

Un dann, dann bess do och ne Clown,
Weil et deer Freud määt, su ze sin,
Nämlich bloß dann, wann do et wells
Un do dat nit nor spills.

Doch wann se hilf, ding Levvensfreud,
Nem Minsch, dä beet am Boddem litt,
Kütt off janz leis och jet zoröck,
Un dat Jeföhl ess Jlöck.

E Jeschenk

Ne Clown, su bungk wie't janze Levve,
Mööch üch zom neue Johr jet jevve.
Ens kei Jeschenk un och kei Jeld,
Hä jitt et Bess üch vun der Welt:
Ne jode Wunsch un jot Jedanke
En Wööt op Vörrot opzetanke
Em Jeheensschaaf, wie en ner Tonn,
Och wann se ens nit schingk, de Sonn.
Ör Levve wor doch bes hück morje
Met Freud esu voll un voll met Sorje.
Bal kütt et neue Johr eraan.
Nemmt vun nem Clown ne Rot koot aan:
Wat och passeet, haldt fass zosamme!
För Trone muss mer sich nit schamme.
Mänchmol mer jet jongleere muss:
Ka'mer noch jonn ov ess he Schluss?
Doot ehr ör Levvensling stramm halde,
Künnt ehr drop höppe, noch met Falde.
Doch wann se hängk janz schlapp un stell,
Dann saat us Wot kei Woot zo vill.
Wann Hätz, Siel un Jemöt noch stemme,
Kann der Mot üch keiner nemme.
Un halde deit dat Jlöck dann lang.
Maat niemols üch vör Kummer bang.
Och ene kölsche Clown hät Sorje,
Steit dann janz stell, wadt op der Morje;
Ävver aan Dräum, do hält hä fass,
Söns määt si Levve keine Spass.

Wann ehr noch spö't, dat huh dobovve
Üch einer lenk, dann doot dä lovve.

Kutt, nemmt et aan, janz ohne Angs,
Dat neue Johr, jevvt im en Schangs.
Et weed wal, doch met örem Welle,
Dat wünsch üch ene Clown us Kölle.

En der Fluhkess litt die Ahl

En der Fluhkess litt die Ahl,
Bes morjens fröh et Sönnche laach,
Dann steit se op, janz flöck,
Weil ehr et Föttche jöck,
Denn bei däm Sonnesching
Spazeet se jän ens lans der Rhing.

En der Fluhkess litt die Ahl,
Un wenn et dann vum Himmel sief,
Driht se sich met Jenoss,
Weil se hück jar nix muss,
Noch ens eröm em Bett.
Et ess jenöhchlich, wärm un nett.

En der Fluhkess litt die Ahl,
Doch wann et Trümmelche se hö't,
Dann springk se wie e Weech,
Trotz Falde em Jeseech,
Erus un jeit als Möhn
Nohm Aldermaat, dat fingk se schön.

Wat wör uns Levve
ohne die Clowns?

Wat wör uns Levve ohne die Clowns,
Ohne die bunte Baselümcher,
Ohne die decke Knollenas,
Ohne die selvsjestreckte Strümpcher?
Ohne dä rude Mungk en Falde,
Ohne die Söck met jroßem Loch,
Ohne die Schohn, die Föß kaum halde,
Ohne dä usjestoppte Buch?
Ohne dat Laache en de Auge,
Wat wiggerjeit üvver't Jeseech?
Ohne die Tron, die mänchmol läuf
Un dann uns Siel janz deef bewääch?
Ohne sing Freud, die mer kann spöre,
Ohne die mer all ärch ärm?
Ohne si Hätz, wat för uns schleit?
Derohne wöödt et uns nie wärm.

Die Clowns jehören en uns Levve.
Se dragen uns zo jeder Zick.
Jestreck sin se wie do un ich,
Denn jeder dräht en sich e Stöck
Vum Clown. Wat för e Jlöck!

DAT MÄÄT MER DOCH
MET LINKS

Wat ess en Ihreamp?

Nemme mer ens för e Beispill dat vun enem Präsident.
(Et künnt ävver och ne ehschte Vörsetzende sin.)

E Ihreamp ess en Amp, wat mer sich noh dem veete odder fünfte Kölsch vun Fründe un Minsche, die einer, wie se sage, jot ligge künne, op et Auch dröcke liet.

Nohm ehschte Stolz kütt mer janz flöck widder zo sich, weil am nöhkste, üvvernöhkste Daach, op jede Fall ävver bei der ehschte Vörstandssetzung, einem richtich klor weed, wat die drei klein Wööt »Ich maachen dat« wirklich bedügge.

Dä neue »Här Präsident«, met alle Ihre usjeröss, kritt noh ener aanständije flössije Spend, dat künnten esu ein bes fünf Pittermänncher sin, entweder en Kett, en Mötz, en Medallje odder, en janz besonders jroße Vereine, en kumplette Uniform, die hä natörlich vun wäjen der Ihr met Bejeisterung selvs bezahle muss. Wann sich der Verein ärch jroßzöjich zeich, jitt et mänchmol och all die Saache op eimol, alsu en Kett, en Mötz, en Medallje u n en Uniform. Dann muss mer natörlich ehsch rääch öntlich lühne.

En enem Kningsverein wör dat för e Beispill e jolde Möhrche am Ködche, bei de Schötze künnt dat dä schöne jröne Jäjerhot odder en Knabbüß sin, met janz persönlje Inizijalie un enem Eichelaubkranz enjraveet. Beim aanschleeßende Fess-Ak weed för späder der Verdeensorde en

Selver odder sujar en Jold – ehsch ens unger Vörbehalt – versproche, mer muss sich natörlich ärch jot schecke.

Vun de etableete Ahle, dat künnten der ehschte un zweite Schreffföhrer un der Schatzmeister (dä op singer Kass wie e Mutterhohn sitz) sin, kritt hä dann all die Saache aanjedrage un üvverjedaut, die se selvs nit jän dunn.

E paar Woche späder un janz nööchter drüvver nohjedaach jeit däm ärmen Deuvel op, dat dat Ihreamp bal ne janze »Halvdachsjob« ess. Vun wäje »he un do e paar Stündcher«!

Un jetz kütt de Frau Präsidentin en et Spill. Zoehsch freut se sich noch, schleeßlich kütt e neu Ovendbaselümche aan der Saach eröm, ävver se bemerk janz flöck, dat die jenöhchlije Ovende immer winnijer wäde, doför ävver et Unkruck em Jade immer hüher wääß.

Der Här Präsident ess als Jrönfläche-Mänätscher nit mih ze jebruche, weil nor noch ihreamplich op Jöck!

Der Eierdanz zwesche Frau Jattin vörre un Verein hinge ess nit mih opzohalde.

Un schleeßlich weed de Frau Präsidentin och noch öntlich jefordert, un dat janz besonders bei jroße Festivitäte. Se muss e Orjanisazijunstalent hann üvver de Bereitstellung vun de Kochejaffele bes hin zom Enkauf vum Klosettpapeer. Die Aufgab ess nit leich, denn die Kochejaffele sin immer do hin ungerwächs, wo se nit hinjehöre. Och en enem jode Verein jitt et e paar düüster Kanäl, un Klosettpapeer, ejal wie vill do wor, hät se immer zo winnich enjekauf. Ußerdäm ess Frau Jattin för dat Manuskrip vun der Fessred un för der Brell vum Här Präsident zoständich. Doröm schlepp Frau Jattin immer ne Büggel met.

Der Ärjer ess off allt vörprojrammeet.

Doch ne avselute Könner en dem janze Vereinsspill weiß sich ze helfe. Hä kennt dat richtije Werkzüch: der kölsche Klüngel. Hä määt nor noch de Honnörs, dat muss schleeßlich sin, allein vun wäje dem neue Kleidche vun Frau Jattin, un sök sich ne »neue« Fründ, däm h ä jetz noh dem fünfte Kölsch die Nutwendich- un Wichtichkeit, e Ihreamp ze üvvernemme, schmackhaff määt. Dat flupp bal immer, un dann üvvernimmp dä Neue met stolzjeschwellter Bruss ne jroßen Deil vun dä Saache, die der Här Präsident nit esu jän määt.

Der Kreis ess domet ohne vill Jedöns un Thiater jeschlosse.

Sollt he wirklich der Endrock entstonn, dat dat ihreamplije Ackere kei Pläseer un keine Senn määt, janz verkeht!

Wat wöre mer all ohne die Ämpcher un Pössjer?

Wat wöre mer all ohne die Minsche, die die Pössjer zo jet maache un och noch jet för ne jode Zweck dunn?

Uns Jesellschaff wör beddelärm, jrad hück, wo et all immer flöcker un flöcker jonn soll..

Un domet dat nit passeet, he die Frohch aan üch: »Wä vun üch hät noch kei Pössje?« Nor Mot, et sin erer noch jenohch do, un zor Nut erfinge mer noch e paar.

Do määs dat doch met links

Küss vun der Arbeit do noh Hus
Met öntlich Schless un Doosch,
Weiß, dat he ess wärm jekoch,
Villeich Schavu met Woosch?
Doch dann fällt deer en, hück weed et anders sin,

Ding Frau träneet der Body jlatt un do wees hück nit
  satt.
Dröm spills do en der Woch
Eimol derheim der Koch.

Jrad Engks der Woch do hät ding Frau
För dich e voll Projramm.
Em Badezemmer läuf der Hahn,
Der Kran ess nit mih stramm.
För su en Kinderei määt die nen Buhei.
Dat Repareere ess ne Klacks, zor Nut nimmp mer en
  Ax!
Do häss doch jolde Häng,
Küss niemols en de Bräng.

Wat en der Zeidung mondachs steit,
Ding Euros locker määt.
En janz bekannte Ladekett,
Verkäuf vill unger Wäät.
Em Aanjebott vill Züch, do käufs dat all för üch.
Haupsaach ess, do häss em Schrank mih wie op der
  Bank.
Ding Euros sin futtü,
Doch do bess e Jenie:

Do määs dat doch met links,
Met nem Laache em Jeseech.
Loors fründlich us der Wäsch,
Denks deer »Leck mich en der Täsch«.
Un wann et och nit richtich läuf:
Ne »jungen Hungk« weed nit su flöck versäuf!

Nippelcher un Nöppelcher

De Welt un meer hann uns verändert. Se ess nit mih su wärm un hätzlich, wie mer se vun fröher kenne, alles jeit flöcker, kaum noch Zick för ne andre Minsch un, un… ävver et jitt och en Häd neu Saache, die uns all jot dunn. Mer weed älder, hät mih Müjjelichkeite, sing frei Zick ze plane un verplane, die Tablettcher un Pillcher sorje doför, dat mer och noch em Alder öntlich fit bliev, un besonders uns Jugend weed vill freier jetrocke. Se kennt kaum noch Tabus un »in Sachen Liebe« määt se uns jries Köpp öntlich jet vör, ohne ne rude Kopp ze krijje, wie meer fröher. För uns wor domols »Sex« eijentlich en Zahl zwesche fünf un sibbe. Dat mer natörlich och mem jriese Kopp nit zom Altieser jehöre un met dä neu »Zeiterscheinunge« methalde mööch, versteit sich. Sich ens e Näsje voll vun däm ze nemme, wat för uns domols jeheim wor, wör nit schlääch. Dann kann mer och besser metbubbele.

Alsu nimmp mer sich vör, doch ens jet »Feldforschung« ze bedrieve, un dann passeet dat, wat mer der beste Fründin stolz, ävver immer noch hinger der Hand verzällt.

Durch Zofall liss mer en der Zeidung, dat et en Kölle zick zehn Johr nen Erotik-Lade nor för Fraulück jitt. Käls sin nit jeledde. Dat jefällt. Sich vun jestande Fraulück berode ze loße, die villeich noch em jliche Alder sin, dat wör et. Ußerdäm fiere die Jubiläum un laden alle Fraue en, doch ens eifach vörbeizelore.

Alsu määt mer sich op de Söck, för »am lebenden Objekt« die Feldforschung ze bedrieve.

Wie vun selvs fingk mer der Lade.

Dat Schaufinster ess vun benne beschlage. Durch de Rutte kann mer nix erkenne. Mer muss erenjonn.

Beim ehschte Schrett durch de Enjangsdöör verjiss mer et Odeme, mer läuf tireck en de Ärm vun fünf ov sechs Käls. Dat ess doch ne Frauen-Erotik-Lade, wat dunn die verdammpte Käls he? Zoröck ka'mer nit mih, denn mer weed allt janz hätzlich vun alle Sigge bejröß. Einer vun dä Käls dröck einem e Jlas Schampus en de Hand un säht: »Schön, dat Ehr jekumme sidd!« Noch kritt mer keine Ton erus. En nette Frau, jet älder, kütt aanjefloge: »Mer hann hück Jubiläum, deshalv die Käls. Doot esu, wie wann die jar nit do wöre!«

Jung, die Frau hät Nerve. Wie soll mer die jeballte Ladung vun sechs Mol ne Meter fünfunachzich, Kullerauge en brung, blau un jrön un enem Jrinse bes aan de Ohre, üvversinn? Do steit mer et ehschte Mol en singem Levve en enem Erotik-Lade un drömeröm versammele sich die janze staatse Käls us Kölle.

Met rut Backe un feuchte Häng säht mer janz cool, mer mööch eifach nor ens lore, un wann et pass (jetz hät mer Mot), wöödt mer och jän ens berode. Dat däten die Käls allemolde wie op e Kummando et leevs selvs üvvernemme. Ävver mer weed vun der Verkäufersch aan de Sick jenomme un met enem kleine Schasewitt hinger en Britz jedaut. »Alsu mer fangen et bess ens he aan. Dat sin Böcher un Videos. Do ka'mer allt jet op der Jeschmack kumme. Dann ha'mer noch en janze Häd Sälvjer un Öl för der Liev, die för der Aanfang nit schlääch sin. Se maachen de Huck, do, wo mer nor dä draan liet, dä mer jot ligge kann, weich wie Siggepapeer. Un dat Öl kann mer sich dann jäjensiggich en der Liev enmasseere. Dat määt aan.« Mer weiß jar nit, wohin mer lore soll. Mer ess jet schineerlich. Un dann liss un süht mer üvverall Saache, aan denne mer bes hück met Scheuklappe elansjejangen ess.

Dä Rot vun der Verkäufersch, doch ens en dat Rejal met däm Öl, wat jot schmeck, ze lore, hät sich renteet. Dat met Vanillejeschmack künnt einem jefalle, dat nimmp mer. Un dat Öl, wat hingenoh de Huck weich määt wie Siggepapeer, dat jünnt mer sich och. Der Aanfang ess jemaat.

Jetz jeit et en die Abteilung Nöppelcher un Nippelcher. Wat et ävver och nit all jitt, domet mer do, wo mer et jän hät, noch rösijer weed! Su ne Ring met dä klein Stippelcher määt jet herr, nit schlääch, künnt mer als Üvverraschung ens metnemme. Ävver och dat Plastiknoppedingelche, wat sich esu dehne liet, dat mer et üvver all dat trecke kann, wat einem enfällt, wöödt mer jän ens usprobeere. Ess jekauf. Je mih mer süht, aanpack un durchliss, öm esu freier deit mer sich en däm Lade bewäje. Die Käls, die he stonn, interesseeren einer nit mih, die maachen och nix andersch wie lore. Se wore bloß fröher do.

Der Lade jefällt. Mer föhlt sich jot berode, ähnz jenomme un hät nit dat Jeföhl, dat mer he jet aanjedriht kritt. Em Jäjendeil, vun dä knallrut Liebesküjelcher (mer hät dovun en jrauer Vörzick allt ens jet opjeschnapp) weed einem avjerode. Bränge nit vill.

Met däm Besök un Enkauf ess mer zofredde. Dä Lade weed mer sich merke. Et jitt noch su vill schön Saache, die mer usprobeere künnt. Mer muss nor der Mot doför hann. Et Alder spillt kein Roll, un et ess doch su ejal, wat die ander Lück sage. Mer ess eifach nor e bessje stolz, föhlt sich e Stöckelche freier, un villeich ka'mer die erwaaße Puute ens met däm ein ov andre, wat mer jekauf hät, üvverrasche. Op die verbaserte Auge freut mer sich jetz allt.

Alles hät sing Zick – villeich ess jetz die Zick för Nöppelcher un Öl för de Huck, janz ejal wie alt die Huck ess. Mer sollt dozo stonn, wann et Freud määt.

Leever noch ens nohzälle

Ich trecke mich jän modän aan, nit üvverdrevve, ävver et jefällt mer, wann mich av un aan Lück aanspreche un sage: »Wat hatt Ehr widder ens ne schicke Pulli odder e flöck Bötzje aan!« Natörlich hät mer Saache, die mer et leevs aandeit un vun denne mer sich dann Johre lang nit mih trenne kann, un et jiddere, die bloß eine Summer »in« sin un dann en der Sack för et »Rote Kreuz« wandere.

Wa'mer de Mod üvver Johrzehnte verfolch, bemerk mer flöck, dat eijentlich alles irjendwann ens widderkütt. Su och die Zibbelröck, die mer hück dräht, die vör üvver zwanzich Johr die Revoluzijun en Saache Kledasch wore. Röck, die keine jlatte Avschluss hatte, wo vörre un hinger nor Jeschlabbers öm de Bein flejen dät, wore nor jet för Fraulück met Mot. Domols hatt ich noch vill Kurasch. Dat wor zo där Zick, wie mer aanfing, de Lück zom »Brunch« enzolade. Och meer, minge Mann un ich, krääten su en neumodische Enladung, un de ehschte Frohch, die donoh kom, wor: Wat trick mer aan nem Vörmeddaach av elf odder halver zwölf aan? Wor dat bes dohin die Zick vun dä klein schwatze Kostümcher em Chanel-Look, moot mer sich jetz, för die neu Aat vun Enladung un Uhrzick, jet Neus enfalle loße. Sportlich, elejant odder jeck?

Ich wor allt fröher e bessje jeck. Die schwatze Kostümcher un Kleidcher wore nit su et Ming, do kom mer der »new look – jroßjeblömte Zibbelrock« jrad zopass. Mi Outfit wor klor un en däm neue Flaasterdinge met passendem knallrude Bovverdeil wor ich dat »Highlight« aan däm Morje. Wie ich e paar Jläsjer Kribbelwasser, ov wor et verhaftich echte Schampanjer?, probeet un en Häd vun dä klitzeklein Amelunghäppcher intus hatt, die der Jröße noh iher en ne Kinderkauflade passen däte, kräät ich op eimol ne Drang, mer de Nas ze pudere, op jot kölsch, ich moot ens nüdich op et Klosett.

Ess jo nix Unjewöhnlijes, un noh e paar Minutte kunnt ich mich widder unger de Lück mische. Un die »Lück« hatten Spass, dat ich widder do wor. Un wesst ehr och woröm?

Leev Mamsellcher, wä vun üch wor allt ens met enem Zibbelrock om Klo?

Nemmt ne jode Rot vun mer aan. Doot nit bloß vörher, nä et bess och hingernoh die Zibbele nohzälle. Wann einer vun denne fählt, hät dä sich met Secherheit en der Ungerbotz verstoche, wie domols bei meer, un die Blamasch mööch ich üch erspare.

Sibbe Zone met »EASY-AIR«-Bezoch

Ich kann mich jot drop besenne, dat mer fröher nor e Bett met enem Holzrahme hatte, dodrop dann e Latteross un en Matratz, en eifache Matratz, met nix dröm un nix draan, jeföllt met Rosshoore. Wie mer su säht: Mer hann om Pääd jeschlofe un ich wie ne Sibbeschlöfer, su jot. Dann kom die Zick, wo et heeß, en Matratz wör op jede Fall janz wichtich för der Rögge, der Kopp un de Bein. Se mööt jot hatt sin, domet mer se nit esu flöck durchlijje künnt. He kom et ehschte Mol der Name Fedderkään en et Spill. Dozo wör e Latteross, wat mer unger un bovven en de Hüh stelle künnt, jenau dat Richtije.

Ming Eldere hann dat dann och vun de ehschte jesparte Nüsele all jekauf. Mer woll sich un der Jesundheit jo jet Jots aandunn un ußerdäm metbubbele künne. Alsu schleefe mer all op su nem Fedderkrom. Ich hatt als Panz domols Nut,

wann ich sohch, wie huh ming Eldere dat Kopp- odder Foß-
deil jestallt hatte. Hoffentlich dät sich dat janze Blot un de
Jeheensflössichkeit nit irjendwo en der Medde treffe un do
hangeblieve. Ich kunnt mer nit vörstelle, dat dat jesund sin
sollt.

»Frühling läßt sein blaues Band...« Wann et Fröhjohr
kütt, steit nit bloß der Huusputz aan. Et jitt Däch, do
mööch mer janz vill verändere un de Wonnung met däm
janze Möblemang op der Möll schmieße, för sich jet Neus
aanzeschaffe.

Wat nötze die paar Euros op der huh Kant! Mer kritt
doch suwiesu kaum jet aan Zinse.

Nor hann ich et eijentlich all jot en Odenung, brööt
nix Neus för en de Hötte, ävver ich mööch mer su jän jet
kaufe! Us der Zeidung fällt mer e Werbeblättche entjäje:
»Bestseller – Schlafkomfort zu Traumpreisen« – et jeit öm
Matratze.

En neu Matratz woll ich mer allt lang kaufe un och e
neu Latteross, wat för minge aanjeschlage Rögge jot wör.

Wann ich mer allt kein neu Möbele kaufe, dann wör
doch en Matratz op jede Fall ne jode Kompromiss.

Wat et hückzodachs för en Uswahl dodren jitt, merken
ich, wie ich em Kaufhuus lans de Matratze laufe. Nit bloß en
der Hüh ka'mer wähle zwesche 16 bes 24 Zentimeter. Die
dör Dinger jitt et en Usföhrunge, vun denne ich em Levve
noch nie jet jehoot hann: Softline met sibbe ergonomische
Lijjezone bes 60 Jrad wäschbar. (Wie kritt mer bloß die janze
Matratz met dä Lijjezone en de Wäschmaschin?) Dann jitt et
die och als Softline Soft LUXUS met besonders »trockenem
Schlafklima« durch Intera-Faser. Mer kritt die ävver och met
zwei spezijelle Ergonomiezone för de Scholder un et Becke,
quasi för de Fott. Die met däm drüjje Schlofklima jefällt mer

janz jot, ich schlofe nämlich nit jän feuch. Hann ävver och noch nix met »Inkontinenz« ze dunn, wie dä huhjestoche Mediziner su säht. Odder soll ich besser doch die met däm Tonne-Täschefedderkään nemme? Die hät dozo en Summer- un en Wintersick. Mööt ich natörlich oppasse, dat ich em Summer nit op der Wintersick schlofe, nit dat die dann feuch wöödt. Do jitt et doch verhaftich die drüjje Matratz noch met EASY-AIR-Bezoch. Easy Air maachen ich naaks selvs, doför bruchen ich kein neu Matratz. Ich kann mich noch nit su richtich entscheide, denn intresseere deit mich och die Kaltschaum-Matratz met nem Bezoch us Klima-Stepp-Jersey met silikoniseeter Hohlfaser. Ävver die met däm 5-Zone-Schnett, verstepp met Klimahohlfaservlies, hät och jet. Se ess vör alle Dinge dreihundert Euro belljer wie die met däm drüjje Schlofklima.

Die jung Verkäufersch, die mich mih wie en lästije Dressfleech behandelt, kann mich (odder well mich) nit berode. Dat wör wie bei e Paar Schohn, entweder se däte passe odder nit. Wat för mich jot wör, mööt ich allt selvs erusfinge. Alsu läjen ich mich op jede Matratz en halv Minutt. Künnt ehr üch vörstelle, wie blöd dat ussüht, wa'mer sich en der Bettenabteilung vun enem Kaufhuus met vill Publikumsverkehr vun einer Matratz op die ander robb?

Noh e paar Minutte hann ich allt Zoschauer, die wesse welle, wie sich die Intera-Faser su zwesche Scholder un Fott aanföhlt. Ben ich dann he de Verkäufersch?

Wie soll ich mich he op minge Lijjejenoss konzentreere?

Woröm jitt et nit för et Probelijje e Aanjebott, noh der üblije Öffnungszick bes morjens fröh e paar Matratze usze-probeere, öm sich dann morjens, beim jemeinsame Fröh-stöck versteit sich, för dat richtije Dinge entscheide ze künne?

Aan där Tass Kaffe un aan däm einsame Brütche weed doch wal su e Kaufhuus nit bankrott jonn!

För et koot ze maache: Ich hann dann irjendwann die Matratz met der Summer- un Wintersick un dä sibbe ergonomische Lijjezone jekauf.

Dat passende Latteross dozo wor flöck jefunge, do hann ich nämlich e janz eifach jenomme: ne Fünf-Zone-Komfortholzrahme met intejreeter Scholder- un Beckekomfortzone, spezijellem Kugelfeddersystem un aachunzwanzich hochelastische Fedderholzleiste, die sich jot bewäje künne, met flexibler un jeräuschloser Avfedderung durch Duokappe op Schwenkjelenke jelagert, ner individuelle Härtejradrejuleerung för dem Jeweech aanzopasse, dozwesche dann e paar dauerelastische Feddermodule för Fott un Scholder, fünf Leiste met Härtejradschieber för de Enstellung vum Mittelzonebereich, dozo noch veer Verstärkungsleiste, woför och immer.

Alsu nix Besondersch, et ess evvens bloß e eifach Latteross, un dodrop schlofen ich jetz bei Vollmond jenauesu schlääch, wie vörher op dä ahl Saache. Doch immer, immer widder jeit de Sonn op…

Och wör dat schön, wör ich en Schneck

Och wör dat schön, wör ich en Schneck!
Kei Frauminsch määt mich noch ens jeck.
Ich hätt mi Huus immer dobei.
Wör quasi richtich vugelsfrei.
Künnt, wann ich woll, em Wingberch levve.

Brööt för de Druve nix zo jevve.
Hätt Rääch op minge Winterschlof. –
Hück en Strof.

Ich hätt zwei Föhler filejran.
Die köme bei de Mädcher aan.
Wöss, weil ich dann jot ruche künnt,
Wo ne Dopp em Jröne stündt.
Künnt sinn, wat öm de Eck passeet,
Weil ming Auge su träneet,
Dürf nackich schwemme üvverall. –
Hück Krawall!

Hätt ich ens Ärjer em Büro,
Maat ich janz flöck mi Hüsje zo.
Wöödt wade, bes der Stress vörbei,
Un nöhm nen Daach mer eifach frei.
Jöv et dann Zoff, »Schneckealärm«,
Jing av en Info aan der Därm:
E bessje Schleim erusjequetsch. –
Usjeletsch!

Ävver et Bess aan su ner Schneck
Ess jet, dat määt mich stabeljeck.
Die Schneck ess Mann un ess och Frau,
»Zweijeschlechlich« janz jenau.
Die kann sich bütze, wann se well,
Un hält dobei freiwellich stell.
Kann Foßball lore ohne Zänk.
E Jeschenk!

Kann selver jonn met sich en't Bett,
Janz ohne »Koppping«, ess dat nett,

Em Schnecke-Swingerklub als Jass
Met andere maache sich jet Spass.
Künnt je noh Loss un ohne Ping
Sich vermehre wie e Kning.
Doch jet, dat fählt zom jode Schluss:
Se hät kein Bruss!

Wat koss dat dann hückzodachs?

Et ess un bliev en Älend met däm Euro. Jetz ha'mer dat
neu fremb Jeld allt e paar Jöhrcher, un immer mih krüff dat
Jeföhl en einem huh: Et ess nit nor nen Euro, nä et ess un
weed och noch immer mih ne Teuro.

Wo mer hinhö't, jederein, met däm mer ihrlich üvver
»Soll, Haben und Gehabtzuhaben« sprich, hät Probleme,
met singe Euros uszekumme. Spare, nohrechene un endeile
ess en de Huushalte widder aanjesaat, un immer widder
erwisch mer sich dobei, alles em Kopp en D-Mark ömzere-
chene. Mer kritt eifach kei Jeföhl för der Euro, villeich well
mer et och nit. Wat ich mer em Schaufinster aansinn, wat
ich mer kaufe odder wat ich aan enem Sonderaanjebott
enspare, immer jeit et »Zack« en mingem Jeheensschaaf, un
do ess se allt widder, die D-Mark. Ohne ömzerechene flupp
bei meer jar nix, un et hö't sich doch wirklich vill besser
aan, wa'mer säht: »Ich hann zwölf Mark jespart« wie »sechs
Euro« odder »dat Kleidche koss dreihundertfuffzich Mark«
(vill Jeld, un die Summ määt einer allt nohdenklich, ov mer
sich dat dör Fähnche leiste kann) – hundertfünfunsibben-
zich Euro hören sich verhaftich dojäje winnich aan.

Kunnt mer fröher för e paar Mark em Supermaat der
Enkaufswage huhvoll lade, muss mer hückzodachs doför
allt öntlich deefer en der Eurobüggel jriefe.

Dat kritt och die älder Frau vör mer en enem bekannte
Supermaat ze spöre. Se hät zwor der Enkaufswage huhvoll
jestivvelt, ävver ich hann dat Jeföhl, se weiß janz jenau, wat
se he jünstich enkäuf. Aan der Kass triff se beim Kasseere
bal der Schlaach: hundertsibbe Euro un fuffzich Cents.
Hundertsibbe Euro un fuffzich Cents, dat ess verdammp
vill, met su vill hatt se nit jerechent.

Jot, se hät fröher allt mih wie e paar Mark bezahlt, äv-
ver för der jliche Krom wie hück woren dat dann su öm de
hundertzwanzich bes hundertveezich Mark. Wat se hück en
Mark bezahle muss, wöre jo ömjerechent bal zweihundert-
fuffzehn Märkelcher. Dat kann et doch nit sin. Un et sin
noch nit ens jrößer Deil dobei, eijentlich nor wie immer,
dat, wat se för ne Mond aan Vörrot bruch. Se fängk ne
kleine Disköösch met der Kasseererin aan: Wie flöck, doför
ävver klammheimlich, vill Saache dörer jewoode sin. Natör-
lich deit die Frau aan der Kass sich un dä, dä ehr de Arbeit
jitt, verteidije. Wie se säht, ess kaum jet dörer jewoode. Un
och op die präzis Aansaach vun der Kundin: Dat hät fröher
nüngunsibbezich Penning jekoss, hück nüngunsibbezich
Cents, liet se sich nit dozo bewäje, der Kundin Rääch ze
jevve. Dä Disköösch weed vun beidse Sigge häder. Hinger
mer steit allt en Schlang Minsche, die de Luuschhööncher
opjestipp hann un met Neujeer verfolje, wie dat Kreppche
wiggerjeit. Jederein jitt der älder Frau Rääch, ens ehrem
Ärjer Luff ze maache. Spöre mer doch all em Jeldbüggel,
wat läuf. Die ahl Frau liet sich nit enschüchtere un määt
mem Explizeere un Diskuteere wigger. Un die ahl Priese
hät se wie en Rechemaschin noch jot em jriese Kopp, wat
die ander Kunde meddlerwiel bestätije.

Die Kasseererin weiß sich nit mih ze helfe, langksam kann se kei Paroli mih beede.

Do kütt der Rettungsanker. »Ich weiß janz jenau, dat, zickdäm der Euro enjeföhrt woodt, e paar Saache ihrlich vill jünstijer jewoode sin.« Dat Friddensaanjebott nimmp die ahl Frau jän aan: »Dann saat mer die Saache doch ens.« Die Kasseererin höllt deef Luff un säht: »Die gesamte Tiernahrung, wie Hunde- und Katzenfutter, ist billiger geworden.« Wie mem Bömmel behaue steit die Kundin e paar Sekunde ohne Sproch do, dann höllt sei och ens deef Luff: »Jot, dann kann ich mingem Mann jo jetz meddachs en Dos Schappi wärm maache. Ehr hatt Rääch. Mer mööt nor jet de Enkaufs- un Essjewohnheite ändere, dann köm mer och mem Euro us.«

Jot, dat mer sich zoröckhalde kann

Fiere ess jet Jots. Immer wann ich ens widder op e jrößer Fess enjelade ben, freuen ich mich, dat ich ahl Fründe sinn un bestemmp och nette Lück kennelihre. Jesprächsstoff hät mer hückzedachs jenohch. Mer muss jar nit üvver de Politik un de Kirch schwade. Ein richtije Frohch aan ene Kölsche, för e Beispill: »Wat määt de Famillich?« – un der janze O-vend ess jerett.

Ävver, ejal wat kütt, de Haupsaach ess: Lieber Feste feiern als feste arbeiten!

Noh dem fründlije Schöddele vun all dä wärm un feuchte Häng deit mer sich dann zoehsch ens met janz wichtije Sätz e bessje bekannt maache: Wie ess et? Widder jesund?

Och widder jet zojenomme? Wievill Pund sin et dann dis-mol? Jo, ich maachen och zick e paar Dach Diät. Kennt Ehr die »Kohlsuppe«? Av hück weed avjenomme.

Met däm jode Vörsatz ben ich eijentlich hück och he-herr jekumme, ävver usjerechent hück, wo et su e lecker kalt-wärm Büffee jitt, soll ich domet aanfange?

Jot, e paar klein Amelunghäppcher darf ich mer jünne, donoh muss ich mich zosammerieße. Ich packen dat!

Et Büffee ess parat jemaat. Et kann lossjonn. Ich scheeße vun minger Plaz huh. Schleeßlich muss jo einer der Aanfang maache. Op däm Wääch maachen ich mer su ming Jedanke. Hoffentlich hann die nit zo klein Tellere, entweder mööt mer sich dann alles jot dropstivvele odder, wann dat nit esu flupp, e bessje de Hacke avlaufe un e paarmol jonn. Dat wör mer nit esu rääch, beim drette Mol dät ich mich jet schamme.

Ich schnappe mer der Teller, normale Jröße. Hm, dat rüch all su jot. Janz minge Jeschmack. Leider! Janz vörre fängk et met nem Spießbrode aan.

E paar Schievjer, ein, zwei Löffelcher vun der Sahne-zaus, e janz klei Häufje vun däm Jeschnetzelte. Minge Teller föllt sich. E paar klein frei Stelle hann ich noch. Jenau rich-tich för su e Frikadellche un drei Minikrokettcher. Flöck em Elansjonn noch ne Klätsch Spinat dozo un e paar Schlot-blättcher.

Nix wie zoröck aan der Desch, schön langksam, domet mer bloß nix vum Teller rötsch. Et ess jet vill jewoode. Ming Auge woren secher widder jrößer wie der Mage, un minge Vörsatz, mich jet zoröckzehalde, hann ich verhaftich för e paar Minutte verjesse. Loßen ich evvens ne Ress om Teller.

Komisch, ich schaffen dat all, wat dodrop litt, janz locker. Kei Völlejeföhl, keine Drock om Mage määt sich bemerkbar. Su wie ich dat sinn, künnt ich noch ne kleine Nohdesch verdrage. Nix Jroßes. E paar Küjelcher Vanilleies, e bessje vun dä Härekräm. Die drei Stöckelcher Kies met enem Schievje Toast schaff minge Mage och noch. För die nöhkste Stunde ben ich ärch zofredde. Mih mööch ich hück jar nit mih esse.

Mer ungerhalden uns all richtich jot un et jitt immer widder neu Theme. Üvver de Pänz un de Käls ka'mer nit jenohch verzälle.

Irjendwann noh e paar Stündcher hät minge »Magepförtner« allt widder de Döör opjemaat. Su e klei Schinkeröllche un e Lachsbrütche pack hä noch. Dann weed et selvs meer jet plümerant.

Jot, dat ich mich zoröckhalde kann un wie e Vüjelche bloß aan allem jenipp hann. Et wor jo all ohne Fett, hatt kaum Kalorie, alles leich verdaulich. Kei Problem för ming Diät.

Wat maat ehr dann met all dä Reste? Ich hann zofällich noch e paar Tupperdösjer em Büggel, vum letzte Fess, versteit sich. Ich nemme jän jet met. Bloß nix fottwerfe, doför ess et ihrlich zo dör.

Et wor hück widder richtich jenöhchlich bei üch. Op et nöhkste Fess freuen ich mich jetz allt. Sidd mer nor nit kott, dat ich su winnich jejessen hann, ich maachen em Augenbleck en Diät.

Ne kleine Verdauungsschabau för bovvendrop wör allerdings nit schlääch, dä zällt nit.

Un beim nöhkste Büffee schlagen ich dann widder ens richtich zo wie fröher un trecke dat Unisex-Baselümche aan, wat nit esu petsch, versproche.

Sagen Sie jetzt bitte Ja!

Die Technik, för jung Lück ne Jewenn, för uns Äldere off e Boch met sibbe Sijele, määt mer och allt ens jet Angs. Ich merken dat, dat ich nit dä jebore Technikfreak ben, wann ich mich, wie säht mer su schön, durch e Menü dröcke muss, för irjendsjet, un wann et och bloß en popelije Kinokaat ess, »flöck« ze bestelle. Durch ne falsche Knoppdrock (dat jeit wie vun selvs) kummen ich widder aan der Aanfang vum Projramm, un dat janze Menüspill muss ich dann noch ens maache. Vun wäje »flöck« bestelle. Die Zick künnt ich allt aan der Kinokass odder söns wo stonn un wör och jlich ohne vill Jedöns aan der Reih.

Janz schlemm weed et, wann ich mich bes en et letzte Menüfinster vörjearbeit hann un zom erfolchreiche Bestelle odder Avrofe vun minge Bonuspunke vun jetz op jlich kein Zahl, nä, ennerhalv vun e paar Sekunde dat klitzeklei Stänche finge un dröcke muss. Met mingem Jleitsichbrell do't dat, un schwupps säht die bekannte Stemm: »Sie befinden sich im Hauptmenü, drücken Sie für...«, un dann jeit allt widder alles singe bekannte, och esu unpersönlije Wääch.

Natörlich jitt et och e paar technische Neuheite, die ich noh ner Zick, wann ich mich draan jewennt hann, jän en Aansproch nemme. Wa'mer Kunde em T-Com-Netz ess un dä och, dä mer aanröf, hät mer dobei ne janz besondere Service. Wann die aanjewählte Nummer besatz ess, säht, nohdäm mer e paar Mol dat Besatzzeiche jehoot hät, en fründlije Kompjuterstemm: »Wollen Sie den Service der T-Com nutzen und verbunden werden, dann sagen Sie jetzt bitte Ja.«

Dat ess doch wirklich ens jet Jods. Mer bruch also nit mih alle paar Minutte die Knöppcher selvs ze dröcke, kann sing Arbeit wigger dunn, un wann die besatzte Nummer frei weed, weed mer wie durch Majie domet verbunge. Ich fingen dat doll, un weil en Häd vun minge Bekannte un Fründe sich de T-Com als Partner usjesook hät, sparen ich domet vill Zick.

Hatt ich mer su jedaach, ävver dann kom et, ehsch ens die fründlije Stemm vum Service: … »dann sagen Sie jetzt bitte Ja«! Ich sage tirecktemang »ja«, e paar Sekunde lang deit sich nix, dann hören ich die Stemm widder, allerdings jetz janz koot, saachlich nööchter: »Dienst oder Dienstmerkmal nicht vorhanden.« Ävver ich hatt doch »ja« jesaat! Alsu dat janze noch ens vun vörre. Ich rofen die bekannte Nummer aan, immer noch besatz, widder die Stemm un widder sagen ich, jetz janz deutlich: »ja«. Noh e paar Sekunde Dudsstell kütt die Stemm allt widder un bemängelt, wie allt jehatt, dat Fähle vum Deensmerkmol.

Jetz well ich et ävver wesse, rofe noch ens die Nummer aan, waden op die Stemm, sage jetz, besser ess besser, zweimol: »ja, ja«. Dat wor och nit richtich. Nix. Der Ihrjeiz pack mich, woför jitt et dann der Service eijentlich? Ja ess doch Ja, odder ess Ja en der Kompjutersproch jet anders? Villeich muss mer dat melodischer sage?

Ich sagen et jet melodischer laut: »ja«, ich sagen et jet melodischer leis: »ja«, ich singen et bal wie ne Choral: »jahaaa«.

Ich well nit leeje, ävver su sibbe odder aachmol hann ich et probeet. Op eimol säht die Stemm, wie ich jar nit mih domet rechene: »Das Dienstmerkmal ist aktiviert!« Ich ben vun de Söck un weiß verhaftich nit, wat jetz aan mingem »ja« su jot wor, dat die Stemm su ärch jroßzöjich op mich reajeet. En jewesse Aat vun Dankbarkeit »durchflutet« mich: Ich hann dat richtije »ja« jefunge. Dat sollen die ander Lück mer ehsch ens nohmaache. För hück wor

mi Deensmerkmol op jede Fall winnichstens eimol vör-
hande.

Nor weiß ich jetz leider nit mih, wat ich minger Frün-
din Wichtijes verzälle woll.

Verdötschte Welt

Wann medden em Aujuss vum Himmel
Uns jeden Daach et Sönnche laach,
De Vüjjelcher vun alle Määcher
Singe un fleute, dat et kraach –
Wann de Famillich met de Puute
Am Baggersie e Picknick määt
Un unse Ühm et Juppemännche
Allt stundelang spazeeren dräht –
Wann en der Jadekolonie
Öm aach der Rasemiher läuf
Un meddachs wie op e Kummando
Jrillwööschjer lijjen huh op Häuf –
Wann em Flejer vun Majorca
De Kölsche kumme brung zoröck
Un op der Domplaat bal nor Frembcher
Der Dom bestaune un de Bröck –

Dann litt beim Aldi, Lidl, Plus,
Ohne dat mer et kunnt ahne,
Eines Morjens em Rejal
Ne Printemann, dä uns well sage:
Dat en veer Mond et Chressdachsfess,
Ovschüns et dressich Jrad noch ess.

Wann em Dezember uns de Kält
Allt fröh der Daach zom Ovend määt,
Un wie ne Schleier wieße Flocke
Sich janz höösch läjen op de Äd –
Wann vum Chressmaat durch de Stroße
Ne Jlöhwingdöff uns Nase sträuf,
En Jold un Selver Stäne strohle,
Drop wade, dat se einer käuf –
Wann irjendwo en Kinderstemm
Vum Chresskind singk zaat, hell un klor,
Un wie vun selvs Jedanke kumme,
Dat fröher et doch schöner wor –
Wann Kääze un och Marzepan
Allt verpack op Kundschaff wade,
Rievkoche, fresch, noh Huusmannsaat
Noch em Öl e bessje bade –

Dann lijjen beim Aldi, Lidl, Plus,
Ohne dat mer et kunnt ahne,
Eines Morjens em Rejal
Rut Ringelsöck, die uns höösch sage:
Der Fastelovend ess nit wick,
Ovschüns de Kääze hann ehr Zick.

Wann em Janewar de Kölsche
Op de fünfte Johrszick wade
Un bunte Fleeje, Knollenase,
Ze kaufe sin en jedem Lade –
Wann de ehschte Trumm jeklopp weed
Janz unverhoots, naaks, op der Stroß,
Un dat alt Lappeclownkostümche
Flöck renoveet weed vun der Jroß –
Wann de Funke Dänz probeere

Su Schrett för Schrett met vill Pläseer,
Endlich em Jözenich de Kölsche
Stonn för et Dreijesteen Spaleer –
Wann för de Veedelszöch de Puute
Knuve un maachen öntlich Staat,
Un der Speimanes ungerwächs ess
Em Hännesje om Iesermaat –

Dann litt beim Aldi, Lidl, Plus,
Ohne dat mer et kunnt ahne,
Eines Morjens em Rejal
Ne Osterhas, dä uns well sage:
Dat Fastelovend ehsch noch kütt,
Ävver mer jetz allt Hase kritt.

Doch vun Aprel bes Engks Aujuss
Ka'mer beim Aldi, Lidl, Plus,
Endlich, wat mer mööch, ens kaufe.
Bruch för kei Fess erömzolaufe,
Bes mer dann widder Engks Aujuss
Sich aan dat Spill jewenne muss,
Dat vill zo fröh vör'm nöhkste Fess
Allt all dä Krom zo kaufen ess.

Ejal, wann et wat jitt:
Meer jefällt dat nit.

Mer hann bes hück noch alles jefunge!

Zick e paar Woche hören ich beim Fahre met mingem Auto immer widder e Jeräusch.

Ich kann et noch nit richtich beschrieve, söke noch noh de richtije Wööt, ävver ich weiß, dat dat, wat do en mingem Auto irjendwo vun räächs ming Ohre malträteet, nit dohin jehö't.

Nit dat ehr meint, ich wör su en Sonndachsfahrerin, die nor eimol en der Woch, un dat am Wochenengk, denk, se wör en Formel-Eins-Pilotin, un dobei eijentlich jot Reklam för »Schnecke op Rädder« maache künnt. Nä, ich ben et janze Johr üvver vill op Jöck un hann allt e Jehör doför, wat e eifach Jeräusch ess odder jet, wat eijentlich zo vill ess.

Wie jesaat, zick e paar Woche kütt alsu dat Jeräusch beim Fahre immer widder. Nor, ich kann nit erusfinge, ov et durch et Aanstelle vun der Klimaaanlaach, et Wääßele en ne andre Jang odder et Hüherstelle vun der Heizung kütt odder janz eifach nor am Wedder litt.

Morje muss ich met minger Kess en de Inspekzijun, un do kann ich dat dann, wie säht mer su schön, »vor Ort« däm Automechaniker präsenteere.

Et ess, wie wann mer bei der Zantklempner jeit. Am nöhkste Morje op der Faht en de Werkstatt deit sich nix. Noch nit ens e klitzeklein Minijeräuschelche ess ze höre.

Ich künnt mich selver en de Fott bieße, weiß ich doch jetz allt, wat mich en der Werkstatt erwadt.

Hück wäden ich sujar vum »Meister« bedeent. Secher wor vun dä ander Junge keiner frei. Hoffentlich e jot Vörzeiche för mich! Wie ich dat em Augenbleck nit vorhande Jeräusch beschrieve, wat, wie ich söns janz secher höre kann, räächs us der Belüftung kütt, kritt hä su ne troneömflorte Bleck, wie ne Blothungk, koot bevör hä zobieß.

Dat hä nit de Auge verdriht, ess et all, un met nem Tun-
nelbleck, dä wie e stump Metz durch mich durch jeit, säht
hä: »Gnädige Frau, ich mache mit Ihnen jetzt mal eine
Testfahrt, dann werde ich mir das Geräusch selber anhö-
ren.«

Bei »Gnädige Frau« jonn bei mir söns immer ming A-
larmklocke aan un bei »ich werde mir das Geräusch mal
selber anhören« hätt ich de Ohre opstippe müsse, ävver
hück ben ich nit op Zack. Ov dä ihrlich denk, hä künnt de
Jeräusche wie ne Zauberer us der Botzetäsch avrofe?

En halv Stund fahre mer durch de Jäjend. Natörlich
passeet jar nix aan Tön öm uns eröm. Doch, op eimol
ha'mer e ander Jeräusch, wat ich selver noch nie jehoot hann.

E janz leich Opodeme kütt vun der Fahrersick.

»Ach, Sie meinen dieses…!«

»Nä, dat ess janz neu, dat hann selvs ich noch nit je-
hoot!«

»Es kommt aus dem kleinen Fach in der hinteren
Konsole. Machen Sie die bitte mal auf und nehmen Sie Ihre
CD's raus.« (Dat Fach ess extra för die Dinger do.)

Brav, wie ich et vun Derheim jelihrt hann, nemmen ich
ming CD's erus, un dat Jeräusch ess fott.

Kaum sin die Dinger widder dren, jeit dat leise Schep-
pere widder loss.

»Da spritze ich gleich die Scharniere etwas ein. Klei-
nigkeit.«

Jot, dat wör erledich, ävver dat ander Jeräusch ess mer
doch vill wichtijer.

Minge Fahrer lo't mich met nem Bleck aan, dä ich aan
Käls kenne, su Marke ‚Na du kleines Duselchen, do häss jo
kein Ahnung vun Technik un su en Saache', un ich fangen
doch verhaftich aan, mich zo entscholdije: »Jläuvt mer, ich
hann dat Jeräusch ihrlich allt janz off jehoot.« Künnt ich jetz

hinger sing Steen lore, dät mich bestemmp der Schlaach treffe. Su hören ich die liebenswürdije Antwoot: »Frau Steickmann, das mit den Geräuschen ist so eine Sache; wenn mir das eine andere Frau gesagt hätte, hätte ich das nicht geglaubt, aber bei Ihnen habe ich keine Zweifel!« Hä läät sing Schleimspor jekunnt wie ne Staatsschauspieler am Burgthiater. »Machen Sie mir doch bitte mal das leidige Geräusch vor!« Dat jitt et doch nit! Ich muss jo mem Bömmel behaue sin! Do setzen ich en mingem Auto un maache däm Här vun de Zylinderköpp Jeräusche vör, wie ne Fünfjöhrige, dä met singer Legorennbahn spillt: brbrbrbr, schschsch, rrrrr. Lächerlicher ka'mer sich jar nit maache.

Ihrlich, ennerlich ben ich e bessje bang, et künnt jo Jeräusche en enem Auto jevve, wat nor vun Fraulück jefahre weed, die och nor vun Fraue fassjestallt wäde un för Käls immer e Jeheimnis blieve.

Noh ner klein Zwiesproch met däm »Här vun de Zylinderköpp« scheck dä mich met dä Wööt: »Sie sehen aber heute besonders gut aus« (en neu Schleimspor weed en Aanjreff jenomme), »kommen Sie doch, wenn das Geräusch wieder auftritt, noch einmal vorbei!« noh Hus. Tätschelt mer ens koot jet de Scholder. »Wir« – un lo't mich dobei met singe Kohauge aan – »wir finden das schon!, versök besonders löstich ze sin un säht en minger Sproch: »Mer hann bes hück noch alles jefunge! Kein Sorch! Aber ich glaube, es ist nicht rechts, sondern links. Das sagt mir meine langjährige Berufserfahrung. Frauen hören so etwas immer seitenverkehrt.« Hahaha, dolle Wetz! Mih Wind ka'mer och nit me'm beste Rievkoche maache!

Ich mööch üch jetz nit sage, wat ich en däm Momang op der Zung hatt.

Üvvrijens, jester wor dat Jeräusch – räächs natörlich – widder do.

Em Augenbleck määt der Meister allerdings Orlaub, ävver ich hann Jedold. Loss weed hä mich nit. En zwei Woche kann hä sich op de »jnädije Frau« widder freue.

Dat Jeräusch muss fott, ich kann dat Höre nit mih höre.

Blome för ze laache

Die Blome, die ich besondersch jän hann, sin nit die, die blöhe un welke, nit die, die mer heukele un feukele muss, nit die, die mer en de Vas stellt ov die em Blomepott op der Finsterbank, om Balkon un em Jade waaße. Et sin och nit die Zoote, die der kältste Winter üvverstonn, ovschüns su e filejran Iesblömche aan ner ahl Rutt op der Läuv sing eije Schönheit hät. Et sin nit die, die janz bescheide op de Trümmere waaße, odder die, die mer op Wanderschaff am Wäächrand plöck. Die Blome, aan denne mi Hätz hängk, sin nit die, die mer verschenk, die mer jeschenk kritt, die en Huhzick schöner maache ov die mer als letzte Jroß en e Jrav wirf. Et hät nix domet ze dunn, ov se em Struuß odder em Kranz jebunge sin. Un wann einer, weil hä mich jän hät, mer ne Blomejroß scheck ov präsenteet, dunn ich mer zwor e Loch en der Buch freue, ävver ich hann die Blome trotzdäm nit leever wie die, vun denne ich he verzälle well.

Ich meine die »Stilblöte«. Un dat, weil ich jän schrieve un ich secherlich och allt ens en Stilblöt aan et Waaße jebraat hann. Aan dä Blome jefällt mer eifach alles. Se hann off jet ärch spetze »Woot-Dööner«. Mänchmol brängen se einer aan et Nohdenke, ävver mehschtens aan et Laache.

Flöck jesaat: Et sin sprochlije Messjreffe, »Doppeldeu-
tigkeiten«, die sich janz unjewollt en Sätz breit maache: Op
eimol sin se do.

Nor su för e Beispill: »Dat Huhwasser vör e paar Wo-
che jeit och hück noch vun Mungk zo Mungk.« Odder:
»Wa'mer üvver de Sick vun ener Vijelin strichen deit, vib-
reet der Därm.«

Stilblöte blöhen et janze Johr en Schullopsätz un op
Zeddele, op denne beschrevve weed, wie ne elektronische
Apperat ze jebruchen ess. Se trecke sich wie ne rude Faddem
durch all dat Jroß- un Kleinjedröckte, wat et jitt, se dunn sich
en Zeidunge versteche, un beim Opzälle darf mer die Schrie-
vese nit verjesse, die aan Versecherunge jescheck wäde. Jrad
do fingk mer se en Häuf.

Mer muss natörlich Auge un Ohre doför hann, un
mänchmol jitt allt en ander Betonung vun einem Woot nen
andere Senn.

Ich läjen üch jetz ne janze Struuß met Stilblöte, su jot
wie et jeit üvverdrage en et Kölsche, en de Häng. Nemmt se
eifach aan!

Dat Foßballspill jingk Null : Null us, ävver weil die
zwei Mannschafte su usjejleche wore, hätt dat Erjebnis och
ömjekihrt sin künne.

Mer sohch üvverall Jeseechter, die am laache wore. E
paar dovun heelten sich vör Freud der Buch. (Hädden ich
jän jesinn!)

Mi Schwester braat vum Besök bei der Jroß allerhands
met. Et Bess wor der jeräuchte Schinke vun der Jroß.
(Stamme mer vun de Kannibale av?)

Ming Mamm wor en fing Madamm vun de Fääschte bes aan de Ziehe.

(Wie maach dann dä Ress jewäs sin?)

Ming Tant hatt su starke Ping en de Jelenke, dat se de Ärme kaum üvver der Kopp hevve kunnt. Met de Bein wor dat jenau esu. (Die Nummer wör söns och jet för der Zirkus jewäs.)

Met enem jewaldije Sprung dät sich dä Löw op dä Mann störze. Doch unverhoots heelt hä aan un leckten im op eimol et Jeseech. All die Minsche drömeröm, verbasert wie se wore, hatten et Jäjendeil erwadt. (Et jitt evvens noch aanständije Deere.)

En der »Tropfsteinhöhle« ess et ärch naaß. Et dröpp vun bovve un vun unge. (Wann dat wohr wör, wöödten sich de huhjestoche Jelehrte aan der Kopp föhle.)

Am Engk för üch noch minge »Star«, eifach koot un jot: Vör im jappte der Avjrund, hinger im jappte dä Schandarm, dä im op de Fääschte wor.

Die Blome us däm Struuß he kennen ich mehschtendeils allt us minger Jugend, ävver ich meine, se sin immer noch fresch met kräftije »Stile« un hann och hück nit ehre Scharm verlore. Ävver et kummen er luuter noch e paar derbei. Wann se üch bejäne, dann laacht – un plöckt se!

WOR NIT JESTER EHSCH ADVENT?

De Haupsaach ess, mer sin zosamme

Et weed jo luuter schwerer met der Schenkerei! Wat mer nüdich bruch, käuf mer sich selvs, un Krom, för en un op et Schaaf ze stelle, hät mer en de letzte Johre jenohch jesammelt. Alsu dis Johr ess et en beschlosse Saach en der Famillich: Mer schenken uns nix mih för de Chressdäch. De Pänz sin natörlich dovun nit betroffe. Endlich hö't se op, die Hin- un Herr-Schenkerei vun Böcher, Schlofaanzöch, Deschdecke, Kalender, Kääzeständer, Duschjeels, Parföngs, Schlipse, Wing un Schabau. Die Saache ha'mer derheim suwiesu all jenohch. Mer sin jo vernünftije Minsche un maachen dä Chressdachs- un Jeschenkekommerz eifach nit mih met. Sollen die doch sinn, wo se die dör Saache quitt krijje. Ußerdäm driev die Schenkerei av un aan allt ens janz komische Blöte: Em letzte Johr hann ich vun enem jode Fründ die jliche Fläsch Schabau em Orijinal-Chressdachsoutfit widderkräje, die ich im em Vörjohr jeschenk hatt. Woherr ich dat esu jenau weiß? Mi Käätche, wat ich op lestije Aat un Wies enne em Kartong verstoche hatt, wor noch dren. Un hä hatt sich doch esu furchbar üvver jrad dä Schabau jefreut... Nä, do maache mer nit mih met, meer nit!

Mer dunn uns treffe un jet Jots esse un drinke, un dat langk. Zosamme ze sin, dat ess doch de Haupsaach! Dat ess e Woot. Jot, dä odder die, die dat Fessesse »orjaniseere«, krijjen en Kleinichkeit för die Möh, e Blömche, en Fläsch Wing odder en Dos Praline. Ävver söns ha'mer dis Johr endlich ens der Kopp frei för »das Fest der Liebe«, un »Liebe« koss jo – su wie mer säht – nix.

Jetz ka'mer janz jenöhchlich ens en der Stadt spazeere jonn. Söns ess mer allt em November ov fröher noh passende Jeschenke ungerwächs. Janz lossjelüs bliev mer aan de Schaufinstere stonn. Em Kopp ess keine Wunschzeddel, dä avjearbeidt wäde muss.

Em drette Jeschäff fingk mer zofällich ne janz jecke Kalender. Dä wör jet för et Hätzblättche. Em Teelade donevve fällt einem en Artdeco-Kann en et Auch. Et Altarjeschenk drink för si Levve jän dat schwatze Jesöff. Wöödt sich secher üvver die Kann e Loch en der Buch freue. Hät hä nit beim letzte Flaneere durch Kölle jesaat, dat hä för ne blaujrönkareete Kaschmirschal alles jöv? Un jetz hält mer meer nix deer nix jenau esu e doll Dinge en de Häng. Et ess wie verhex. Jetz, wo mer kein Jeschenke bruch, fleejen se einem öm de Ohre, un et sin och noch d i e Knaller.

Soll mer die lijje loße? Wann fingk mer su en Saache en de nöhkste Monde ens widder? Secherlich üvverhaup nit. Alsu käuf mer et.

Ävver wie kritt mer jetz die Kurv vun wäje »Mer schenken uns nix«?

Offiziell darf mer jo nit dodrüvver nohdenke, heimlich deit mer et doch un denk, bestemmp hät hä och e paar Kleinichkeite. Mer kennt doch sing Lück.

Ein klein Üvverraschung hatt hä doch en jedem Johr noch för bovvendrop.

Un domet fängk hä aan, der Ärjer. Jrad mer Fraulück hann do e Hängche för. Un janz flöck dunn mer en janze Häd klein Päckelcher us dem Sack zaubere un opfällich am Hellije Ovend unger dem Jröns un hinger der Krepp verdeile. Käls halden sich aan Avsprohche! Em ehschte Aanlauf määt inne dat met dä Üvverraschungsjeschenke nix us. Ävver esu noh un noh schrumpe se op Minijröße ennewendich zosamme.

Dä Satz »Schätzelein, ich hann dich esu jän, ich moot deer eifach jet Schöns kaufe, ich ben evvens esu jroßzöjich« määt se dann doch verläje.

Wann se dann der Dackelbleck versöke, dä söns immer prima wirk, setze mer Fraulück noch eine drop: »Ess doch jar nit schlemm, dat do nix för mich häss, ävver ich, ich hätt mich och jän e janz klei bessje jefreut, un wann et nor e Blömche jewäs wör.« Un met Trone en de Auge jeit et wigger: »Söns hatts do doch och immer jet en der Täsch.«

Wie heiß noch ens dä Sproch: »Pack ens nem nackelije Mann en de Täsch.« Der Hellije Ovend fängk aan ze kippe.

Doch usjeschlofe, wie ne jestande Ihemann ess, hät hä vörjesorch un zaubert, weil hä jo weiß, wie winnich hä sich en su ner Zituazijun op sing Frau verloße kann, si »Verjeltungsjeschenk« us dem Nix, e Wießjoldkettche, diseinert vun ener bekannte Kaffefirma. Jedaach wor dat zwor, weil em Sonderaanjebott, allt för der Jebootsdaach em nöhkste Johr, schleeßlich kann h ä jo rechene, ävver, wat soll et, en Krise muss mer flexibel sin.

Un domet hät hä jewonne. Edelmetall wirk bei uns Fraulück immer.

Op ne jenöhchlije Hellije Ovend!

Wor nit jester ehsch Advent?

Schön, dat ehr hück bei uns zo Jass
Un mer uns widder sinn.
Wor nit jester ehsch Advent?
Wie läuf de Zick dohin!
Wat hät dat Johr för üch jebraat?
Bestemmp wor et och hatt.
Doch hück, nor för en koote Zick,
Un wör et nor nen Augenbleck,
Maat op ör Hätz un laacht un dräumpt üch satt!

Wat üvver't Johr su alles läuf!
Jot, dat mer et nit weiß.
Unse Herrjott trick en Kaat,
Off schlüüß sich dann dä Kreis.
Erennerunge wäde waach,
Mer föhlt sich jet bedröck,
Ess fruh, dat mer noch laache kann,
Sing Dräum och levve irjendwann;
Dröm joht met uns zosamme hück e Stöck.
.
Allt widder ess Advent,
Vill zo flöck, wie mer erkennt,
Doröm stonn mer op der Bühn,
Och met Zidder en de Bein.
Spillen jän för üch en Roll,
Haupsaach ess, ehr föhlt üch wie derheim!

Wo et qualmp, si'mer richtich

Ich weiß jo nit, wie et üch jeit; ich hann Dannedöff för mi Levve jän. Als Panz wor dat Knestere vun de Dannenodele op der Ovvensplaat, die de Mamm am Nommedaach noch met Stahlwoll un nem Lingelappe jewienert hatt, wie en himmlische Melodie. Un dä Jeroch!

Aan dä kom noch nit ens der Sonndachsbrode vun der Mamm eraan.

Minge Kusäng kritt zick neustem Zoständ, wann hä och nor jläuv, ne leichte Dannedöff ze ruche. No jo, e janz klei bessje kann ich in verstonn.

Et wor der veete Adventssonndaach. Die jroße Pänz, selvs allt jestande Eldere, hatte Vatter un Mutter zom Dannebaumschlage en de Eifel enjelade. Un wä sök sich nit jän singe Baum do us, wo dä en freier Nator op sing Fäns wadt?

Allt ärch fröh am Morje jingk et loss. Hinger Bad Münstereifel kom der ehschte Schnei, un et woodt richtich winterlich. Eijentlich woss vun däm janze Schmölzje keiner su jenau, wo die Schonung wor. Ävver wie säht mer su schön: »Wo ein Wille ist, ist auch ein Weg«, jenau! Irjendwann noh e paar hundert Meter laufe heeß et dann: »Wo et qualmp, do sidd ehr richtich!« E bessje komisch wor et der Famillich: Chressbäum wäde doch avjeschlage un nit avjebrannt?!

Se kome däm Qualm nöher. Jeschaff! Dat die Rauchwolke nit vun de Chressbäum kome, dät se beräuhije. Der Qualm kom us enem Kaventspott huhvoll met Glöhwing. Et ehschte Jlas dät schmecke, et zweite noch besser, un nohm drette sohchen all die Bäum wie Draumchressbäum us: Nit zo scheif, nit zo jrad, nit zo jroß, nit zo klein. Jeder jefeel. Jot flössich jestärk jingken se op Baumjaach. Drei komen en de engere Uswahl, dann woodt endlich einer dovun met Jenehmijung vum jesamte Famillijerot avjesäch un opjelade. Su ne fresche Baum hatten se noch nie!

Derheim aanjekumme, et wor allt ärch düüster, heeß et: Wohin domet? Der Baum darf bes Hellichovend nit usdrüjje. Hä kom en de Räntonn. Beim Ensetze dät et e bessje knestere, denn en janz dönn Iesschich lohch wie ne Film dodrüvver. Su, bes Chressdaach wor dat Praachexemplar jetz jot ungerjebraat

Dann wor Hellichovend. Zick för der Chressbaum opzestelle un ze schmöcke. Immer die Aufjab vum Huushär. Hä schrett zor Tat.

Ävver, wie der Düvel et well un määt, der Chressbaum wor en der Räntonn fassjefrore.

No jov et nor zwei Müjjelichkeite: drusse dat Ies opdäue odder dreihundert Liter jefrore Wasser un Baum schleppe. Schleppe? Unmüjjelich! Alsu opdäue. Ävver wie?

Der Huushär hatt nen Enfall! Woför ha'mer dat klein elektrisch Övvje op der Läuv?

Zom Opdäue!

Alsu woodt dat Övvje op Stufe drei op der Rand vun der Tonn jestallt. Jetz broht mer nor ze wade, bes sich dat Ies widder en Wasser verwandele dät. Die Zick kunnten se natörlich noch för wichtije Besorjunge nötze.

Beim Heimkumme am späde Nommedaach wor et allt düüster. Komisch, de Beleuchtung drusse wor noch jar nit aan. Wat wor dat dann, em janze Huus kei Leech? Irjendwie roch et jet verbrannt. Nit nor de Secherung vum Huushär dät erusspringe. De Haupsecherung vum Huus wor durch. Dat Övvje wor en et halv opjedüte Wasser jefalle, der Baum hatten de Flamme jefresse un de Fassad bes en der Jivvel drohch e Troorkleid. Ävver söns wor nix passeet.

Wat e Jlöck, dat et e Händi jitt. Flöck et E-Werk aanjerofe. Die Nutbesetzung wor jrad am »Jubileere« un dät verspreche, su schnell wie müjjelich ze kumme. Et künnt ävver Morje wäde. En der Zweschezick mööten se improveseere. Wat deit mer zoehsch?

Strom vum Nohber – jeit nit, dä litt met der Fott em Sand op Majorca.

Kääze söke, finge, aanmaache.

Holzkollejrill op der Terrass ungerm Sonneschirm en Jang bränge.

Et Fondüfleisch op Zantstocher zorteere för die Openair-Veranstaltung. Mer nennt dat hück Fingerfoods.

Der Kämpingkocher met dem Ress Spiritus vum Summer muss för der Jlöhwing draan jläuve.

Klappdesch un Stöhl avwäsche un för et Chressfess parat maache.

Der Adventskranz deit et met neu Kääze em Düüstere och noch.

Decke Söck, Wintermantel un Händsche aantrecke.

E fründlich Jeseech maache.

Janz flöck woodt alles avjearbeidt un dann soßen se en dä decke Pluute jenöhchlich op der Terrass ungerm Sonneschirm un däten us vollem Hals Chressdachsleeder singe. Av un aan woodt och allt ens koot e Fastelovendsleed aanjestemp. Ävver ihrlich, nor janz koot. Nohm veete Jlöhwing hatten se bloß noch der Bleck för et Wesentliche: et fünfte un sechste Jlas Jlöhwing. Un en dä Fastelovends-Chressdachsstemmung dät se doch verhaftich et E-Werk störe.

Ävver dat wor doch klor, dat minge Kusäng die ehsch ens fottjescheck hät.

Dä liet sich doch su en fesslije Stemmung vun denne nit kapott maache.

Eine, zwei odder drei?

En de letzte Johre hö't mer öm sich eröm immer mih vun su en Saache wie: Mer hann jetz ne Zweitwage, mer maache ne Zweitorlaub, un janz riche Lück, odder Lück, die esu dunn wie wann se ärch rich wöre, hann sujar ne Zweitwonnsetz. Der Zweitbrell ess suwiesu allt »in«, un üvver de Zweitfrisor bruche mer eijentlich nit ze spreche. Die weed jän aanjedonn op Festivitätcher, wo mer jet aanjevve mööch. Kein Neuerung wör dann de Zweitbotz, die »Mann« bei enem Aanzochkauf aanjebodde kritt. Weed immer jän jekauf, ovschüns sich die Käls dann mehschtens dat Kamesölche bekleckere odder met der Zerett verbrenne. Der Drang zom Zweitkind nimmp vun Johr zo Johr av. Dat Thema »Zweitfrau« un »zweite Plöck« well ich ehsch jar nit aanspreche.

Ävver et bliev doher nit us, dat mer sich su koot vör de Chressdäch Jedanke öm ne Zweitbaum, Zweitchressbaum versteit sich, määt.

Un he sollt mer nit zo bescheide sin. Maat üch un ö- rem Ömfeld die Freud, un dobei ess et janz ejal, wo dä neue Zweitbaum steit un singe Jlanz verschenk. Esszemmer, Schlofzemmer un Balkong wören su neuraljische Punkte. Haupsaach ess: Ehr hatt eine! Ävver villeich wör et nit schlääch, die zwei Bäum janz noh beienein ze stelle. Su beim tireckte Verjliche »mutiert« die Nummer Zwei och allt ens zor Nummer Eins, weil hä besser jewaaßen ess un verhaftich och noch alle Nodele hät!

Ärch positiv ess och, dat mer kaum noch Knies kritt üvver dat Dekoreere. H ä künnt su quasi singe eije Baum maache – eventuell klassisch spartanisch met elektrische Kääze un nor he un do nem Strühstän; s e i künnt sich uslevve en Lametta un Kugele, dat einem de Auge üvverjonn.

Un kein Angs, wann wirklich aan einem Ovend der Chressbaum en Flamme opjeit, weil mer allt widder ens verjessen hät, dä berühmten Emmer met Wasser en de Nöh ze stelle: Mer hät doch n o c h eine! Kei Problem, de Stemmung jeit nit kapott.

Wichtich ess natörlich: Dat die puckelije Nohberschaff dä Zweitbaum och jot sinn kann. Alsu öm Joddeswelle ovends nit de Jadinge zotrecke. Mer deit doch de Nohbere su ne schönen Aanbleck jünne. Die sollen sich doch met freue! Jot, et wör einem jo ihrlich vill leever, wann se sich jet ärjere däte un neidisch wöödte, ävver üvver su jet sprich mer nit. Jrad aan de Chressdäch ess mer nit fies.

Su, un jetz wadt ens et nöhkste Chressfess av, ich dät eine drop loße, dat dann en su mänchem Finster der fesslich jeschmöckte Zweitbaum em Jlanz steit.

Ävver wä säht uns dann, dat et nit och nen Drettbaum jevve künnt! Schleeßlich jitt et och allt lang de drette Zäng un der drette Plöck!

Widder e Wunder odder wat?

Et ess Hellichovend. Nä, eijentlich ess et ehsch Hellich-ovend-Morje. Wie en de letzte Johre ess bei Schmitzens de Döör zom Wonnzemmer su fröh allt verschlosse.

De Frau Schmitz un et Chresskind hann hück vill aan de Jäng. Dä Daach muss jot jeplant sin, söns kritt mer et nit all parat jemaat. Schleeßlich muss et Chresskind noch en janze Häd ander Pänz jlöcklich maache. Su deit de Schmitzens dat ehre Puute, wie en jedem Johr, och hück usenein-pusementeere. Natörlich wessen dat die zwei Pänz, et Pitterche un et Ännche, un verdrihe jet de Auge. Su klein sin se jo no och nit mih. Allebeids jonn se allt en de Schull, un dat met dem Chresskind jläuven se allt lang nit mih. Ävver weil de Mamm dat noch immer nit jeraff hät, et wie en jedem Johr su üvverdrevve jeheimnisvoll määt un su deit, wie wann se jrad en de Kinderverwahrschull jekumme wöre, dunn et Pitterche un et Ännche ehr die Freud aan un spille met.

De Mamm verdröck sich av un aan op leise Solle en et Wonnzemme, un mer kann et raschele un knestere höre. Derwiel setzen die zwei Trabante am Köchedesch un üvverläje, wie se de Zick bes zor Bescherung jot üvver de Runde krijje. Drusse ess ne wunderbare Winterdaach, un däm Schneimann, dä se jester jebaut hann, ka'mer aansinn, dat hä sich rundseröm wohlföhlt.

En der ein Hand e Brütche met Levverwoosch, en der ander en Tass met Kakau, su stonn et Pitterche un et Ännche meddlerwiel am Finster un dröcke sich de Nase platt.

De Nohberschpänz sin all ungerwächs, met denne künne se hück nix usheke. Ävver wat künnt mer maache? »Jebootsdaach fiere«, säht op eimol et Ännche. »Wie: Jebootsdaach fiere?« Et Pitterche kann domet nix aanfange. Schleeßlich hät keiner vun der janze Schmitz-Bajasch op Hellichovend Jebootsdaach.

»Ävver dat Jesuskind«, säht et Ännche. »Dat Jesuskind hät bestemmp noch nie en singem Levve ne Kinderjebootsdaach jefeet. Weiß Do wat, Pitter, mer maachen dem Klein jetz en Jebootsdachsfreud. Zeijen däm jet vun der Welt, un bes zor Bescherung litt hä widder satt un drüch en singem Strühbett.«

Su kütt et, dat, wie de Mamm ens en der Köch am krosen ess, die Zwei op Zihespetze janz leis un vörsichtich en dat Wonnzemmer jonn un sich flöck dat nackelije Jesuskind us der Krepp holle un en e jroß Sackdoch weckele. En jedem Johr freuen se sich op dat Pöppche met däm finge un strohlende Jeseech. Dat hät och ens jet »Äktschen« verdeent.

Et Marie un der Jupp lore jet verbasert, un et leevs wöödt et Marie opspringe un dä Pänz nohlaufe. Ävver der Jupp stupp et Marie aan un säht leis: »Loß unsem Klein die Freud! Dä muss noch esu vill metmaache. Die Pänz brängen unse Stropp fröh jenohch widder zoröck. Hä hät doch Jebootsdaach, un mer künnen och jetz he nit fott.«

Em Kinderzemmer weed ehsch ens alles besproche. Wärm em Sackdoch verpack litt dat Jesuspöppche met dä Zwei om Teppichboddem.

De Mamm staunt nit schlääch, wie et Ännche un et Pitterche sich der Poppewage parat maache, dä bes hück verstöpp un verjesse en ner Eck vum Keller jestande hät, un sich de wärm Klamotte aantrecke, för jet durch der Schnei spazeere ze jonn. Nä, eijentlich jonn se nit. Se maachen en Schnei-Rälli un jöcke, wie wann der Düvel hinger inne herr wör, met däm Poppewage de Stroß erop un erav. Dat Juhze hö't de Schmitzens bes en et Wonn-zemmer.

Jecke Puute, denk de Mamm. Wat die immer för Enfäll hann. Haupsaach, se dunn sich jet beschäftije un jonn ehr nit op de Nerve.

Derwiel hann die Zwei Freud em Schnei, un wann se dat Jesuskind em Poppewage aanlore, sin se sich secher: E janz klei bessje ess et am jriemele.

Noh zwei Stund kummen se durchjefrore widder en et Huus. Kein Frohch: Wann ess et esu wick? Wann kütt et Chresskind? Et kann jo och noch nit kumme, weil dat Jesus-kind jrad em Poppehuus am Desch sitz un jet vun singem Jebootsdachskoche, fresch jeknuv us Kneetjummi, probeet.

Die zwei Puute hann Freud, loßen et Jesuskind noch met der Ieserbahn durch et Zemmer un unger de Bedder fahre, em fänjesteuerte Ferrari e bessje Schumi spille, un it darf Jass op der Lego-Ritterburch bei der Tafelrund vum Künning Artus sin. Em Playmobil-Zoo setzen se et jet op der Esel, domet et sich allt ens aan dat Schöckele jewennt, wann et met singe Eldere op die jroße Reis noh Äjypte jeit, un op der ahl Spilluhr darf et en Rund Karessellche fahre. Et Ännche merk, dat dä Klein langksam jet möd weed. Janz leis singk it zosamme mem Pitterche ehsch e Jebootsdachs- un dann e Schlofleed. Jetz maachen se sich doch esu ehr Jedanke. Hoffentlich vermess dä Klein nit sing Mamm un singe Papp. Ußerdäm hät ehr Mamm jrad jerofe, se sollten sich fädich maache, ens de Fingere wäsche, mem Kamm durch de Hoor jonn un noch ens flöck ehr Chressdachsrümcher übe. En e paar Minutte wör et endlich esu wick.

Su wie sich dat aanhö't, hät de Mamm die leddije Plaz en der Krepp noch nit jemerk, alsu muss dat Jesuskind janz flöck zoröck. Jeder vun denne Puute dröck dem kleine Pöppche noch e Bützje op et Bäckelche. Ävver e klei Jeschenk wellen se dem Jesuskind doch winnichstens noch en de Krepp metjevve. It soll sich doch aan dä schöne Jebootsdaach jän erennere. Widder hät et Ännche nen Enfall.

De Mamm triff bal der Schlaach, wie se sich nohm jemeinsame Singe üvver de Krepp beuch. Vun wäje: »Do litt en Windele jeweckelt dat himmlische Kind!« Do litt dat Jesuskind op dem Strühbett, ävver em rude Jletzerbody met Ringelsöckcher, huh Hacke, Sonnehot un -brell un nem klitzekleine Handtäschelche, alles jesponsert vum Ännche singer Barbiepopp, de Safari-Jack vum Ken unger et Köppche jefrönzelt, un laach de Schmitzens aan.

Widder e Wunder odder wat? De Schmitzens liet sich ehr Üvverraschung nit aanmerke.

Ens avwade, wat am nöhkste Chressfess et Marie un der Jupp aan hann.

Hoffentlich kei Fastelovendskostüm, ävver kölsche Kreppefijore muss mer eifach alles zotraue.

Plastik-Klos

Ne Plastik-Klos sitz op dem Daach.
Dat kann doch wal nit stemme!
Mer hann he jrad Aanfang Aujuss,
Nen Daach, dä mer jeneeße muss.
Un Zick, em Rhing ze schwemme.

Wat määt dä Plastik-Klos allt he?
Noch veer Mond muss dä wade.
Weed jetz em Summer allt probeet,
Wie em Dezember dekoreet
Et Huus un och der Lade?

Em Himmel ess der Düvel loss.
Die Engele protesteere.
Wat ess dann he för ne Zorteer!
Stonn jetz de Plastik-Klös Spaleer,
Öm Chressdaach vörzefeere?

Der echte Klos lo't ärch bedröv.
Wat bliev do noch vun fröher?
En einer Woch litt nevvenaan
Vum vörr'je Johr der Marzepan.
Et röck all immer nöher.

Domols, do wor dat noch e Fess,
Wann am Dezembermorje
Der Zinterklos kom op de Äd.
E i klei Jeschenk hatt singe Wäät.
Mer deilte Freud un Sorje.

Hät et hück üvverhaup noch Senn,
Der Schlitte vollzelade?
De Pänz hann doch vun allem satt.
Et weed jekauf, ejal ess wat.
Dunn die op mich noch wade?

Doch wann bloß eine kleine Panz
Janz stell, trotz däm Jewimmel,
Am Finster steit un noh mer lo't,
Dann ess ejal, wie lang se do't,
Ming Schlittefaht vum Himmel.

Engelsjeseechter

Kom ne Engel aanjefloge,
Erkannt in nit em helle Leech,
Jov mer sing Hand, wie ich allein wor,
Drohch dem Papp si leev Jeseech.

Kom ne Engel aanjefloge,
Erkannt in nit em helle Leech,
Dät mich froge, woröm bedröv ich,
Drohch der Mamm ehr leev Jeseech.

Kom ne Engel aanjefloge,
Erkannt in nit em helle Leech,
Sohch nor si Laache, wie ich Wot hatt,
Drohch der Jroß ehr leev Jeseech.

Kom ne Engel aanjefloge,
Erkannt in nit em helle Leech,
Dät mer vun fröher vill verzälle,
Drohch dem Ühm si leev Jeseech.

Kütt ne Engel aanjefloge
Un do erkenns in nit em Leech,
Wadt, wann ich jetz för dich do ben,
Dräht hä secher mi Jeseech.

(Nach Motiven eines Textes aus meiner Kindheit)

Dezemberfreud

Weed der Dezember endlich kalt,
Wann wieße Mötzjer dräht der Wald
Un em Kamin knestert et Föör,
Dann stonn de Chressdäch vör der Döör.

Wann op de Finstere em Daach
Iesblome jletzere voll Praach
Un ovends weed der Himmel rut,
Dann back et Chresskind för uns Brut.

Un strohlt de veete Kääz om Kranz,
Dann freut sich jede kleine Panz:
Noch zweimol schlofe, denn janz höösch
Määt sich et Chresskind op der Wääch.

Wann et dann en minger Köch
Noh Äppel, Nöss un Stolle rüch,
Denken ich aan fröher
Un ming Puutezick röck nöher.
Un de Mamm deit met rut Backe
För de Plätzjer Baumnöss knacke.

Engel ohne Name un Jeseech

Wat lors do su bedröv!
Ding Auge ohne Jlanz.
Su kennen ich dich nit.
Hatts doch fröher vör nix Angs.
Hatts doch fröher su vill Kraff.
Hatts doch fröher su vill Föör.
Ejal wie hatt et kom,
Do fungs immer noch en Döör.
Ich weiß nit, wat passeet ess
Un ov ich der helfe kann,
Doröm rofen ich em Himmel hück
Nen Engel för dich aan.

Jrad en der Chressdachszick
Verjessenes weed waach.
Su mänches widderkütt.

Häss doch fröher jän jelaach.
Häss doch fröher vill jefeet.
Häss doch fröher off jedanz.
Kom et och knöppeldeck,
Do sohchs dodren jrad ding Schangks.
Sähs mer nit, wat dich bewääch.
Ich kumme nit aan dich eraan,
Doröm rofen ich em Himmel hück
Nen Engel för dich aan.

Villeich hilf deer ne Engel ohne Name un Jeseech,
Un do krüffs us dingem Loch,
Schleeßlich jitt et dich doch noch!
Villeich fings do dann och dinge neue Wääch.

Hatt Ehr e Zemmer frei?

Wie en jedem Johr woodt de sechste Klass aanjehalde, et Weihnachtskreppespill opzoföhre. Allt em November jingk et loss met der Proberei. Natörlich moote vörher noch all die Rolle verdeilt wäde, die zo su nem jroße Thiaterstöck jehoote.

Der Mattes, huh opjeschosse, ärch stell un ähnz, woodt vun all dä Pänz tireck als Josef aanjenomme, un och et Bärbelche met singe decke Zöpp un dä blau Kullerauge hatten se als Maria flöck einstemmich akzepteet. Noh un noh woren dann och endlich die andere en der Klass vun de Engele üvver de Heete bes hin zo de Künninge op jroße ov klein Rolle verdeilt. Bloß dä hatthätzije, kniestije Weet, dä de hellije Famillich en Ics un Schnei vun der Döör avwiese moot, woll vun dä Pänz keiner spille.

Der Lehrer kom jet en Brass. Dat hatt et noch nie je-
jovve, dat mer ne Jung us ener ander Klass nemme moot.
Ne jode Enfall, dä inne us der Bräng holf, kom vum Mattes
»Josef«: Singe kleine Broder, et Schängche, künnt doch die
Roll, die nit vill ze bedüggen hatt, üvvernemme. Schleeßlich
moot dä doch bloß em richtije Augenbleck eine Satz sage,
nämlich: »Ich hann kei Zemmer frei!«

Dem Lehrer wor dat rääch, un su kom dä Klein janz
stolz zo der ehschte Prob met. Hä woll jän dä Weet spille.
Hä hatt met Weetslück nor jot Erfahrunge jemaat.

Bei de Probe woren de Kulisse un de Herberch noch
nit fädich, un alles woodt eifach su op ener kahl Bühn
enstudeet. Dä Klein hatt domet kein Probleme.

Immer jenau richtich beim avjesproche Stechwoot
kom singe Satz: »Nä, ich hann kei Zemmer frei.«

Op de letzte Minutt woodt dann endlich dat Bühne-
bild fädich, un et wor doll. De Herberch sohch us wie e
janz fing klei Hüsje met grön Finsterlade un ener Latän us
jäl un jrön klein Jlasstöckelcher. Richtich jenöhchlich. Jenau
esu sohchen die schnuckelije Blockhötte irjendwo en de
Alpe us, wo de Famillich alle paar Jöhrcher ens em Winter e
paar Dach Ferie maat. He kunnt mer sich wirklich, wie bei
der Mamm derheim, wohlföhle. Et Schängche wor platt.
Jetz kunnten se ehr Kreppespill – drei Opföhrunge wore
jeplant – och en enem schöne Ömfeld aan der Mann brän-
ge. Flöck woodt im noch beijebraat, dat hä op e Kloppzei-
che vum Josef aan der Döör de Finsterlade opmaache sollt,
för dann laut un deutlich singe Satz ze sage.

Un dann kom se, die wichtije Stell em Kreppespill.
Met janz schwer Schrett, et Bärbelche-Maria em Ärm,
schlufften der Josef op de Herberch aan un frohchte met

möder Stemm: »Leeven Här Weet, hatt Ehr för uns e Zemmer frei?«

Wie us der Pistol jeschosse kom met fründlijer Stemm de Antwoot: »Jo, jän!«

Em Saal un hinger der Bühn wor et mucksmüsjestell. Dann hatt Mattes-Josef nen Enfall: »Ich jläuve, Här Weet, Ehr hatt uns beloge!« Widder dat aläät Stemmche vum Schängche-Weet: »Nä, ich hann e Zemmer frei, Ehr hatt doch bei meer jebuch!«

Et Maria dät en si Sackdoch kriesche, un der Josef jingk heroisch eifach wigger un leet Weet Weet sin.

Hinger der Bühn jov et ne ähnze Dischöösch. Der Lehrer moot et Schängche ehsch ens us dem Verkehr trecke. Op sing Frohch, woröm hä sich nit aan de Avsproch jehalden hätt, saat dä Klein janz leis: »Der Josef hatt su en trorije Stemm, do kunnt ich eifach nit Nä sage. Un üvverhaup, derheim maache ming Eldere och jedem de Döör op, un zor Nut ka'mer bei uns op der Luffmatratz schlofe. Ming Mamm hät mer beijebraat, zo alle Minsche fründlich ze sin.«

Dat wor jetz jet kumplizeet för der Lehrer, ävver met janz vill Möh un Jedold kunnt hä et Schängche för de nöhkste Opföhrung ömstemme, un dä versproch im met Handschlaach, ejal wie et bei im derheim wör, bei singem avjesproche Satz ze blieve.

Die zweite Opföhrung wor jet janz Besonders. Us dem janze Veedel wor de Hottvolee, der Bürjermeister, der Baas vun der Feuerwehr, der Bövveschte vun der Polizei un natörlich der Pastur unger de Jäss.

Et Maria wor jet am schwächele un dät dem Josef sage, noch ens su ne verkehte Satz un it wöödt tirecktemang op der Bühn dut ömfalle. Unger däm Drock schlufften der

Josef noch vill mih un jingk noch deefer jebeuch mem Maria op die Döör vun der Herberch zo.

Hä maat dat Kloppzeiche un saat singe Satz. Nix dät passeere. Widder woodt et em Saal stell wie en enem Jrav. Dreimol maat hä dat Zeiche, sproch singe Satz, ävver en der Herberch dät sich nix reppe un wäje. Aanjreff ess de beste Verteidigung! Us voller Bruss reef Mattes-Josef: »Ehr hatt secher kei Zemmer för uns frei?« Un dann hoot mer e janz piepsich Stemmche vun benne: »Endoooooch, ävver ich darf dat nit sage!«

Irjendwann wor dann och die Opföhrung endlich am Engk. Bei der drette woodt der Weet usjetuusch, un et Schängche kom als Engel met golde Flöjele en der Stall bei de Heete. Si Halleluja kunnt mer bes hingen en der letzte Eck vum Saal höre. Et Schängche hatt endlich sing Plaz jefunge.

Künnt ich die Zick

Jonn ich hück durch Kölle em Advent,
Denk' ich aan fröher, wie mer't kaum noch kennt.
Wo en der Köch dä Kolleovve stundt,
Soß de Famillich ovends en ner Rund.
Dä Plätzjesdöff vum Backe hing em Hus,
Noh Stunde maat de Mamm dann en klein Pus.
Der Papp verzallt vum Hellije Mann.
Met jroße Auge hoot ich mer dat aan.

Der Schnei dät kraache un och et Ies.
Beim Schlittefahre feel mer all ens fies.

Met Iesblome et Finster schön verzeet.
Schad, dat dat hück nit mih passeet.
Kuschteie lohchen op der Ovvensplaat.
»Bes morje«, hät der Papp mer leis jesaat.
»Noch eimol schlofe, stell et deer vör,
Dann steit et Chresskind allt vör dinger Döör.«

Künnt ich die Zick drihe jet zoröck.
För nen Augenbleck
Spöre Puutejlöck.
Se wor su wunderschön,
Janz wärm met su vill Leech.
Sinn immer noch der Mamm ehr leev Jeseech.

De Mamm un ehr Jeschenke

Die drei erwaaße Puute vum Hückelhovens Kättche soßen
aan einem Desch zosamme un woren am üvverläje: Wat
künne mer dis Johr der Mamm op Chessdaach schenke?
Schleeßlich hatt se am Hellije Ovend och noch Jeboots-
daach, sujar ne janz besondere. Se kunnt der achzichste,
wann alles jot jingk, noch jesund un aläät, bes op e paar
klein Malätzichkeite, met de Pänz fiere.
  Doch jedes Johr woodt dat Schenke kumplizeeter un
die Puute, alle drei hatten et em Levve zo jet jebraat un
öntlich jet aan de Föß, wollte jrad aan der Mamm, die
immer för se do jewäs wor un nie einer däm andere vör-
jetrocke hatt, nit spare. Wie en jedem Johr hatten se och
dis Johr widder kaum ens Zick för se jehatt. Janz selde
fung einer vun inne der Wääch en dat jemötlije Wonn-

zemmer en der klein Zweizemmer-Wonnung en der Milchmädche-Siedlung en Poll. Immer hatten se en Entscholdijung parat, mehschtens hatt die met zo vill Arbeit ze dunn. De Mamm dät sich nie beklage, ävver wie et dobenne, deef en ehrem Hätze ussohch, woss keiner vun dä Pänz. Ävver dis Johr, dis Johr aan ehrem Ihredaach, sollt se verwennt wäde. Do wollten se all dat, wat se versühmp hatte, widder jot maache.

Der ältste vun dä Drei, der Mattes, hatt e jot, wie säht mer su schön »floriererend« Baujeschäff un em Vringsveedel e paar Eijentumwonnunge, wo sich de Käufer de Fingere noh lecken däte. Un ein vun dä Wonnunge, dat stundt för in fass, kräät de Mamm zom Jebootsdaach vun im jeschenk. Die Wonnung wor met allem usstaffeet, wovun mer eijentlich nor dräume kunnt, hatt veer jroße Zemmere, en modän Enbauköch met all dä Elektrosaache, die mer als Singel eijentlich nie bruch, un hatt e Badezemmer met Whirlpool, Sauna un Sonnebank wie en e-nem Fünf-Stäne-Hotel.

Der Pitter, dä zweitältste Son, fung dä Enfall doll un hatt och tireck en Idee för si Jeschenk. Hä wor Verdrachshändler vun nem janz bekannte Autokunzän, ehr kennt dä secher, dat ess dä, dä vörre op der Motorhaub ne Stän hät, un woll der Mamm en Sechs-Zylinder-Limusin met Fahrer, natörlich vun im bezahlt, schenke. De Mamm hatt der Föhrersching vör e paar Johre allt avjejovve un maat meddlerwiel all ehr Enkäuf met Bus un Bahn. Dat Auto wör doch vill bequämer för die ahl Madamm.

De drette en däm Trüppche vun de Pänz wor et Rösje. Wie it hoot, wat die Bröder der Mamm all schenke wollte, moot it laache un saat: »Ehr hatt üch jo alle Beids vill Möh jemaat un kein Koste jescheut, ävver ich jläuve, wat ich der Mamm schenke, dat weed dä Knaller. Ehr wesst doch, dat de Mamm e ech kölsch Mädche ess un immer jän all die Leeder vum Willi Ostermann jehoot hät un och hück noch jän hö't. Dat erennert se aan fröher, aan die Zick, wie se mem Papp pusseet hät un wie alles noch jenöhchlich wor un Kölle noch nit vun Baustelle aan jeder Eck schängeleet woodt. Em Zoo jitt et ne Papajei, dä kann, wa'mer däm der Aanfang vun dä Leeder vörsingk, die janze Ostermannleeder erop un erav nohsinge. Dat hann se däm en janz vill Johre hader Arbeit beijebraat, un dä kritt de Mamm vun meer jeschenk.«

Un su woodten dann och am Hellije Ovend die Jeschenke aan de Mamm verdeilt. Die wor ehsch ens platt, kunnt nix ußer »danke« sage un versproch, sich en de nöhkste Dach ze melde. Se moot schleeßlich dat janze Jlöck ehsch ens verdaue.

Noh e paar Dach kom dann och, wie versproche, e Levvenszeiche vun der Mamm, ne Bref, bei jedem vun dä drei Puute aan.

Hä wor met der Hand jeschrevve un klung beim Mattes esu:

»Leeve Jung, Do häss mer met der schön Wonnung ihrlich en Freud jemaat. Ich ben ärch stolz op Dich, dat Do et en Dingem Levve su wick jebraat häss un meer su jet Wäätvolles schenke kanns; ävver, Jung, wat soll ich ahl Frau met esu ner jroße Wonnung? Ich halde mich doch der janzen Daach nor noch em Wonnzemmer op un kruffe ovends möd janz flöck en ming Fluhkess. Ich bruche kein jroße Wonnung mih. Dunn se leever aan en Famillich met ener Häd Puute vermeede. Un üvvrijens, die klein Wonnung kann ich esu jrad noch selver sauber halde. Ävver danke doför, dat Do su spendabel wors.«

Dann kom der Pitter draan:

»Leeve Pitter, wat häss Do mer för e staats Auto je-schenk! Fröher hann ich mer immer su ein jewünsch. Wie jän hädden ich mem Papp e paar Reise met su ner Nobelka-ross jemaat. Ävver, de Zick läuf, un se läuf och meer do-vun. Hück dunn ich nit mih jän verreise. Ich blieve leever en mingem Kölle, domet ich jede Morje de Domtöön sinn kann. Et wor vun Deer zwor ärch jot jemeint, doch, Jung, bess mer nit kott, ich kann met däm Auto un och met däm Fahrer nix aanfange.«

Der letzte Bref jingk aan et Rösje:

»Leev Rösje, Do Kind, Do häss ihrlich dis Johr der Vugel avjeschosse. Do weiß, wat Ding ahl Mamm noch bruche kann. Fraulück hann jo ne janz andere Versteisde-mich ungerenein. Met Dingem eifache Jeschenk ben ich jot parat jekumme. Janz hätzlich bedanken ich mich för dat exotische Hohn. Et hatt zwor nit jrad vill Fett op de Rebbe, ävver die Höhnerzupp hät mer zwei Dach lang jot jeschmeck.«

Stein

Noh de Chressdäch kütt Silvester,
Mer spö't et allt, dat neue Johr.
Et hät bestemmp, wie och allt fröher,
Vill Jodes un Schläächtes,
Falsches un Räächtes,
Dat, wat mer bruch, dat, wat mer mööch,
Dat, wat mer nit well,
En singem Johreslevvensspill.

Ich wünschen üch, dat op däm Wääch
Op däm ehr joht, üch nix passeet.
Dat all die Stein, die dodrop lijje,
Ejal ov se spetz,
Ov rund, ov jeretz,
Ör Laufe drage, ör Höppe avfange,
Ör Sprüng leich maache,
Un dat all met enem Laache.

Un dat ehr hatt e Ziel vör Auge,
Wat üch fruh un zofredde määt.
Mer bruch jet Zick, dä Wääch ze schaffe.
Sidd ehr am Ziel, wor et dat wäät.

WIE WÖR ET ENS MET ENEM LEED?

De Klocke vum Dom

Jöck mer em Advent durch de Stroße vun Kölle,
Käuf en, bes dat de Täsche sin voll,
Hät kaum noch Zick, met de Lück ze verzälle.
Vun wäje besennlich, mer zänk sich wie doll.
Doch deef en uns dren, do ess en klein Stell,
Un wa'mer die fingk, dann weed se janz hell.

> *R.:* Hö's do se lügge, de Klocke vum Dom,
> Ov huh odder deef, voll Hätz jede Ton.
> Se rofen uns zo: Et Johr ess am Engk.
> Et Chressfess ess do, för uns e Jeschenk.

Kaum einer vun uns süht, wat hück all passeet.
Hatt ess uns Zick, jeder denk bloß aan sich.
Wo ess et jeblevve, dat, wat mer jelihrt,
Derheim vun der Mamm, saach, erenners do dich?
Denn deef en uns dren, do ess en klein Stell,
Un wa'mer die fingk, dann weed se janz hell.

> *R.:* Hö's do se lügge, de Klocke vum Dom…

Et Chressfess ess do un dä Stän zeich der Wääch.
Mer hann widder jelihrt, wat »zosamme« bedück.
Villeich ha'mer Jlöck, dat mer hück jet bewääch,

Domet nit bloß Chressdaach uns Hätz strohlt vör Jlöck.
Denn deef en uns dren, do ess en klein Stell,
Ich wünschen üch ihrlich, se blevv immer hell.

    R.: Hö's do se lügge, de Klocke vum Dom…

Jetz stonn ich aan der Thek

Ich merke jrad, wie allein ich ben,
En minger Bud kei Kääzje brennt.
Weiß, dat do keiner op mich wadt,
Dä jän mich hät, dä met mer schwadt,
Wie de Mamm et fröher hät jemaat.

    R.: Jetz stonn ich aan der Thek,
        Ne Köbes, dä als letzter jeit.
        Halden am ehschte Kölsch mich fass.
        Vermesse Jäss un all dä Spass.
        Wie hät ming Mamm der Baum jeschmöck!
        Doch keine Wääch föhrt mih zoröck.

Et läuf de Zick wie aan jedem Daach,
Dobei ha'mer hück Hell'je Naach.
Hann noch jearbeidt wie e Pääd,
För Minsche, die't mer wore wäät,
Die, wie ich, ärch einsam op der Äd.

    R.: Jetz stonn ich aan der Thek…

Doch Hellichovend kummen se noh Hus

Sin de Puute us dem Huus,
Freut mer sich wie jeck.
Hät jet winnijer ze dunn,
Och jet winnijer Dreck.
Nä, wat deit die Rauh doch jot,
Määt alles met Jeföhl.
Doch et ess e bessje stell,
Wat fählt, ess dat Jewöhl.

R.: Doch Hellichovend kummen se noh Hus,
Allein ze sin, dat halden se nit us.
De Mamm steit aan der Döör, wie jedes Johr,
Ess jlöcklich, denn ehr Pänz sin widder do.

Wann se kumme wie ne Bletz,
Steit mer allt parat
Un et Esse wie bestallt
Op der Ovvensplaat.
»Die zwei Büggele met der Wäsch,
Mamm, die sin för dich!
Häss jo Zick, ben widder fott,
Määs die doch jän för mich!«

R.: Doch Hellichovend kummen se noh Hus...

Mänchmol hö't mer wochelang
Nix un määt sich Sorch.
Hoffentlich ess keiner krank,
Röf dann morjens durch.
Janz verschlofe kütt en Stemm,
»Mamm, häss mich jeweck!

Alles klor, mer jeit et jot,
No maach dich bloß nit jeck!«

R.: Doch Hellichovend kummen se noh Hus…

Ich ben ne kleine kölsche Clown

Ich ben ne kleine kölsche Clown.
Ming Jroß hät allt jesaat:
Deer hät der Herrjott se jeschenk,
De kölsche Eijenaat.
Dozo dat Lappeclownkostüm,
Wat dinge Papp allt drohch,
Dat wadt op dich, treck et ens aan,
Jetz bess do alt jenohch.

R.: Ich ben ne kleine kölsche Clown,
Molen de Welt deer bunt! Molen de Welt deer bunt!
Komm, bliev ens stonn, nemm deer die Zick.
paar Minutte sin kein Stund.

Ich ben ne kleine kölsche Clown,
Wie minge Papp allt wor.
Wann ich durch kölsche Stroße jonn,
Weed mer dat richtich klor.
Ming Lappebotz, bunt wie die Lück,
Die hück all he op Jöck.
Och üvver't Johr verwahren ich
Vum kleine Clown e Stöck.

R.: Ich ben ne kleine kölsche Clown…

Mer setzen alles op ein Kaat

Zwölf Monde hät et Johr met Üvverraschunge en Mass.
Mänchmol sin se jot, doch mehschtens ohne Freud un
    Spass.
Mer weiß nit, wie mer dat all schaff,
Et Ziel ess off ärch wick.
Wann nix mih jeit, dann bruche mer
De fünfte Johreszick!

   R.: Mer setzen alles op ein Kaat.
        Der Fastelovend steit parat.
        Hann ihrlich lang jenohch jewadt.
        Av jetz ess Fiere aanjesaat.

Jeden Daach zor Arbeit, mer sin fruh, dat mer se hann.
Dräume beim Lottospill, dat mer der »Jackpot« knacke
    kann.
Uns Euros wäde winnijer,
Mer määt sich selvs jet vör.
Zom Trus jitt et der Fasteleer,
Un dä steit vör der Döör.

   R.: Mer setzen alles op ein Kaat…

Ich woll der Rusemondachszoch
doch jar nit sinn

Am Rusemondaach ess vill loss,
Noh Kölle trick mer hin.
Nor ich nit, nä, ich muss dat nit,
Kann ohne dä jot sin.
Jonn spazeere lans der Rhing,
Hück hann ich jo jet Zick.
Loße mich drieve ohne Ziel,
En Jeisterhand mich trick.

R.: Ich woll der Rusemondachszoch doch jar nit sinn.
Saat, wie kummen ich hehin?
Wor ich och evvens noch bedröv,
Jetz meddendren, ben ich dä, dä laut »Kamelle« röf!

Wohin mer sich och hück verläuf,
Mer hö't allt der Jesang,
Vun Jecke, die am Stroßerand
Treu wade stundelang.
Ich hann domet nix am Hot,
Ben fruh, dat ich för mich.
Doch wä hät he de Häng em Spill?
Jetz hät et mich erwisch.

R.: Ich woll der Rusemondachszoch doch jar nit sinn…

Mer jonn all op de Kinderkummelijun

Wann et Chressdachsfess vörbei un der Karneval,
Ostereier sin jesook, kütt dä jroße Knall.
Jo dann ess för uns et schönste Fess em janze Johr,
Denn ne kleine Kinderdraum weed hück endlich wohr:

> *R.:* Kinderkummelijun, Kinderkummelijun!
> Mer jonn all op de Kinderkummelijun!

Morjens fröh do weed ehsch de Famillich staats jemaat.
Dä ahle Smoking, noch vum Ohm, jet spack, litt allt parat.
De Mamm, die schruv sich met Jewalt eren en ehr neu
   Kleid,
Mengk zweschendurch dat Hirringsschlot un kriesch dobei
   vör Freud.

> *R.:* Kinderkummelijun, Kinderkummelijun!
> Mer jonn all op de Kinderkummelijun!

Noh der Kirch, do jeit et loss, do kummen de Verwandte.
Et Kumm'lijunskind zällt et Jeld vum Ohm un vun de
   Tante.
Em wieße Kleidche spillt dat Klein jet Höppe en der Sod
Un kotz nohm veete Sahnestöck dem Opa en der Hot.

> *R.:* Kinderkummelijun, Kinderkummelijun!
> Mer jonn all op de Kinderkummelijun!

He, kleine Panz

En Puutehand ze spöre,
Fass en dinger Hand, deit jot.
Wann Kinderauge strohle,
Määt deer dat e bessje Mot.
E Kinderlaache höre
Dat ess doch e Stöck vum Jlöck.
Wie Pänz noch eimol hann ding Dräum,
Schlofe unger »Zauberbäum« —
Jings jän ens en ding Kinderzick zoröck.

R.: He, kleine Panz, wie jän köm ich noch ens met
En ding Kinderwelt.   Su jet kritt mer nit för Jeld.
Kleine Panz, nemm mich eimol noch ens met!
Lauf allt ens vör, ich halden met deer Schrett!

Wann Kindertrone laufe,
Och nor koot, deit deer dat wih.
Wann Kinderärm dich dröcke,
Hälts do stell, mööchs dovun mih.
Wann Kinder danze, singe,
Kütt et Levve en et Huus. —
Mööchs och su levve en der Daach,
Ohne Angs vör jeder Naach.
Doch ding Levvensuhr läuf wigger ohne Pus.

R.: He, kleine Panz, wie jän köm ich noch ens met…

Veedelszoch

Summer, Sonn un Ferie –
Wesst ehr, wat dat bedück?
Endlich ess de Schull vörbei,
Sechs Woche ha'mer Zick.
Lijjen irjendwo am Strand
Met Minsche kunterbunt,
Doch freuen ich mich op derheim,
Un dat hät singe Jrund!

R.: Nöhks Johr jonn ich mem Veedelszoch,
Uns Schull määt sich parat.
Nöhks Johr jonn ich mem Veedelszoch,
Hann lang allt drop jewadt.
Un trecken ich am Dom elans,
Ov Sonnesching, ov Rän,
Haupsaach, ich jonn mem Veedelszoch:
Mer Pänz, mer dunn dat jän!

Zint-Mätes-Föör brennt hell em Feld,
Der Hervs färv rut de Bäum.
Et ess die Zick, ich weiß dat allt,
Wo jeder hät sing Dräum.
Famillijefeste, die stonn aan,
Et driht sich vill öm Jeld.
Mich stört dat nit, hät keine Määt,
Ich weiß, wat för mich zällt!

R.: Nöhks Johr jonn ich mem Veedelszoch…

Wann ich vör mingem Herrjott stonn

Wie ich noch klein, nit en der Schull,
Do wor ich allt ne Clown.
Hann off jesinn der Rühmanns Heinz
Em Film als Pater Brown.
Do woodt mer klor, och als Pastur,
Do ka'mer löstich sin.
En jedem kleine Bengelche
Stich och nen Engel dren.

>   *R.:*   Wann ich vör mingem Herrjott stonn
>   Un singem janze Staat,
>   Säht dä bestemmp: »Do jecken Ditz,
>   Ich hann op dich jewadt.
>   Do häss de Minsche Freud jemaat
>   Un keiner kom zo koot.
>   En Pappnas ess jenau su schön
>   Wie vum Pastur dä Hot.«

Wat jitt et Schön'res op der Welt
Wie Minsche Freud ze maache.
Denn och em Himmel, wie mer hö't,
Do dunn se all jän laache.
Un ess en Kinddäuf aanjesaat,
Dat Fess för de Famillich,
Dann fiert die Kanzel met der Bütt –
Sin all zosamme hellich.

>   *R.:*   Wann ich vör mingem Herrjott stonn…

ZOM JODE SCHLUSS

Eimol op der Bühn jestande

Eimol op der Bühn jestande,
Dä Applaus noch lang em Ohr.
Üch he aan et Laache bränge
Met vill Hätz un met Humor.
Eimol spöre, dat die Freud,
Die mich dräht, och üch jefällt,
Ess för mich wie e Jeschenk,
Verwahren et en minger eije Welt.

Eimol ens jet andres maache,
Fott met ahlem Pröll un Möff,
Weed för mich zom Aventörche,
Mänchmol et mich selvs verblöff.
Eimol för e paar Minutte
Flutschen en en ander Roll.
Eimol Hännesje, dann Clown –
Hoffe nor, ehr kritt der Hals nit voll.

Doröm stonn ich hück he bovve.
Weiche Kneen un feuchte Häng.
Met Lampefeber immer widder,
Doch ich bruchen och der Zidder –
Hann ne Wunsch: Et nöhm kei Engk.

E Woot för donoh!

En jot Fee hät mich ens jefrohch:
»Saach, wat wünschs do deer för späder?«

»Alt un kloch mööch ich wäde
Un kein Angs mih hann.
En eijensennije, jecke Ahl,
Met selver Hörcher,
Kein Söck aan de Föß,
Met lila Schluffe,
Ävver e Moped unger der Fott;
Un Laachfalde mööch ich hann,
En janze Häd.«

(Nach Motiven aus dem Hochdeutschen von Anne Steinwart)